Hol dir ein besseres Gedächtnis!

HOWTO©

mit Gregor Staub

Hol dir ein besseres Gedächtnis!

Mentale Techniken, Lernen mit Erfolg

molino

Gregor Staub, Jahrgang 1954, ist Europas erfolgreichster Gedächtnistrainer. In über 30 Jahren und 3.500 Seminaren verhalf sein Mega Memory-Gedächtnistraining über 1,5 Millionen Menschen zu einem besseren Gedächtnis. Er berät namhafte Unternehmen und Organisationen und leitet Seminare an Universitäten und Schulen.

Die Deutsche Nationalbibliothek verzeichnet diese Publikation in der Deutschen Nationalbibliografie; detaillierte bibliografische Daten sind im Internet über http://dnb.ddb.de abrufbar.

Staub, Gregor (Autor)

Hol dir ein besseres Gedächtnis!

Mentale Techniken, einfache Übungen, Lernen mit Erfolg
Howto mit Gregor Staub,
Europas erfolgreichster Gedächtnistrainer
ISBN 978-3-948696-25-2

Redaktionsleitung: Dr. Matthias Slunitschek
Umschlaggestaltung: Svenja Kruse, Hamburg
Alle Fotos von Gregor Staub © Lisa Krieg
Satz und Gestaltung: wunderlichundweigand, Schwäbisch Hall
Druck und Bindung: Finidr/CZ

Inhalt

Vorwort

In diesem Buch werde ich Ihnen verraten, wie Sie innerhalb von kurzer Zeit zu einem besseren Gedächtnis und zu einer gesteigerten Merkfähigkeit kommen. Egal, ob im Alltag, in der Schule, im Studium oder im Beruf – Sie werden auf jeden Fall von meiner Technik profitieren. Dadurch werden sich auch Ihr Selbstbewusstsein und Ihre Erfolgschancen dramatisch erhöhen.

Lernen mit Erfolg – das Motto dieses Buchs zeigt zunächst einen großen Mangel an. Wenn es nämlich erfolgreiches Lernen gibt, muss es auch erfolgloses Lernen geben. Meiner Erfahrung nach haben viele Menschen nie gelernt, wie man effizient und nachhaltig lernt. Wir beschäftigen uns oft mit dem Was, aber zu selten mit dem Wie. Erfolgloses und erfolgreiches Lernen kann man anhand einiger Kriterien sehr leicht unterscheiden.

Erfolgloses Lernen bedeutet für mich

» Man geht planlos und unsystematisch an die Sache heran und braucht viel zu viel Zeit.

» Man nutzt nur das Kurzzeitgedächtnis und hat damit auch nur kurzfristigen Erfolg.

» Man muss sich zum Lernen zwingen und hat keinen Spaß dabei.

» Das Lernen selbst endet am Schreibtisch und verbessert nicht die Qualität des Alltags.

Lernen mit Erfolg bedeutet für mich

- Man besitzt verschiedene Techniken, um sich Informationen zu merken und kann dadurch effizient arbeiten.
- Man baut emotionale Beziehungen zu Informationen auf und kann sie leicht abrufen.
- Man nutzt die unglaublichen Kapazitäten des Langzeitgedächtnisses.
- Man hat Spaß am Lernen, weil der Körper ein Feuerwerk von Endorphinen ausschüttet – man will mehr!
- Man kann sich nicht nur mehr Informationen merken, man verfeinert gleichzeitig die Fähigkeit, wie man lernt.
- Das Lernen selbst hat langfristige Folgen und erleichtert es, alltägliche Herausforderungen zu meistern.

Als ich noch jünger war, machte ich mir ernsthafte Sorgen darüber, an Demenz zu erkranken, weil ich wirklich ein furchtbar schlechtes Gedächtnis besaß und mir einfach nichts merken konnte: Ich konnte mir keine Telefonnummern merken und keine Pinnnummern. Regelmäßig vergaß ich, wo ich mein Auto abgestellt hatte und welche Dinge ich vom Supermarkt mit nach Hause bringen sollte. Ich hatte keine Chance, mir die Namen von Kunden zu merken, mit denen ich wichtige geschäftliche Sitzungen hatte. Mein schlechtes Gedächtnis machte mir das Leben schwer und brachte mich häufig in nervenaufreibende Situationen. Dementsprechend nagten Selbstzweifel an mir und mein Selbstbewusstsein ließ oft zu wünschen übrig.

Am Rande der Verzweiflung angelangt, entdeckte ich dann durch einen reinen Zufall, dass es ganz einfache Mittel und Wege gibt, das Gedächtnis zu trainieren und die Leistung des Gehirns zu optimieren. Die Techniken des Gedächtnistrainings sind keine neue Erfindung von mir, sondern haben sich schon bei den alten Ägyptern, Griechen und Römern bewährt. Mich faszinierten diese Methoden aber so sehr, dass ich intensiv in die Welt des Gedächtnistrainings abtauchte und Maßnahmen entwickelte, um sich Zahlen und Namen noch besser merken zu können als jemals zuvor.

Das Versprechen, das ich Ihnen hier mit diesem Buch gebe, ist zwar groß, aber ich garantiere Ihnen, ich werde es einhalten können – ich bin das beste Beispiel dafür, dass es funktioniert.

Wie ich es geschafft habe, ein besseres Gedächtnis zu bekommen, so wird es auch Ihnen gelingen, Ihre Merkfähigkeit zu verbessern.

Sie haben im Gegensatz zu mir den Vorteil, dass ich Ihnen mein über Jahrzehnte erprobtes Wissen hier auf kompakte Art und Weise zur Verfügung stelle.

Aber ich sage es Ihnen ganz deutlich: Es liegt an Ihnen, wenn Sie von meiner Technik profitieren wollen! Sie müssen sich die Zeit nehmen, Ihr Gehirn und Ihre Merkfähigkeit zu verbessern – Sie müssen üben, üben, üben! Aber dafür gebe ich Ihnen als Gedächtnistrainer nach über 5.000 Workshops mein Wort: Die Zeit, die Sie hier investieren, werden Sie vielfach zurückbekommen. Und noch mehr: Sie werden erfolgreicher durch Ihr Leben gehen.

Leben Sie für einige Zeit mit diesem Buch, nehmen Sie sich jeden Tag Zeit für ein Kapitel und wiederholen Sie die darin angeführten Übungen. Verinnerlichen Sie meine Methode und wenden Sie sie überall an. Das funktioniert bei Ihrer IBAN-Nummer ebenso wie bei den Namen der fünfköpfigen Familie, die neu in Ihre Nachbarschaft gezogen ist.

Schon nach 14 Tagen können Sie überprüfen:

» Ist mein Gedächtnis besser geworden?

» Habe ich Techniken zur Hand, mir bewusst beispielsweise die 10 längsten Flüsse der Welt einzuprägen?

» Habe ich es geschafft, eine bildliche Vorstellung von Zahlen zu entwickeln?

» Habe ich durch häufiges Üben Informationen in mein Langzeitgedächtnis verschieben können?

Üben Sie nach den ersten Erfolgen weiter – und Sie werden es nicht mehr dem Schicksal überlassen müssen, ob Sie sich eine Information dauerhaft einprägen können. Sie werden sich dann bewusst entscheiden können: Möchte ich mir dies oder das merken oder eben nicht. Sie werden feststellen, dass meine Technik nicht nur schnell geht, sondern auch großen Spaß macht. In diesem Sinne: viel Erfolg!

Ihr Gregor Staub

1. Endlich ein besseres Gedächtnis!

Keine Angst vor Demenz

69 Prozent der Deutschen fürchten sich vor der Unheilbarkeit der Demenzerkrankung. Sie haben also Angst davor, sich nicht mehr orientieren zu können und die Erinnerungs- und Sprachfähigkeit ebenso endgültig zu verlieren wie das Vermögen, Lerninhalte zu erfassen. Dabei gibt es durch die Anwendung von Mnemotechniken Mittel und Wege, das Gedächtnis fit zu halten und einer Demenz vorzubeugen!

Es war erschreckend: Egal, was immer ich auch lernen musste, ob lateinische Vokabeln, geografische Begriffe oder Formeln, es blieb einfach nichts davon in meinem Gedächtnis haften. Rückblickend verdanke ich meine gesamte Karriere eigentlich meiner missglückten Schullaufbahn, denn ich musste – weil ich mir einfach nichts merken und schlecht lernen konnte – die Schule vorzeitig verlassen. Hätte ich damals meinen Abschluss gemacht, wäre ich heute Anwalt, Arzt oder etwas anderes, aber eben nicht der, der ich heute bin.

Nachdem ich die Schule verlassen hatte, war mein Leben zunächst durch die Suche nach dem Sinn des Lebens gekennzeichnet: Ich absolvierte eine Banklehre als Diplom-Kaufmann für Bankenwesen und studierte nach meiner Militärzeit an einer Fachhochschule Wirtschaft. Nie habe ich aber auswendiggelernt, sondern mir immer Informationen hergeleitet oder diese zu begreifen versucht. Auswendiglernen stellte für mich nach wie vor ein Problem dar.

Ich stieg ins Berufsleben ein – bei IBM in Zürich – und war gezwungen, nach Techniken zu suchen, die mein schlechtes Gedächtnis kompensieren konnten. Was tat ich also? Ich schrieb alles auf. Alles, was wichtig genug war, notierte ich auf Karteikärtchen, die ich derart ablegte, dass ich sie auch wieder finden konnte. Der Terminplaner war bei mir penibel genau geführt, damit ich nichts vergessen konnte. Eine Rede konnte ich nicht frei halten, aber ich war immer dazu in der Lage, meinen Spickzettel so geschickt zu verstecken, dass das Publikum nichts davon bemerkte.

Wie aber prägte ich mir Namen von Menschen und deren Gesichter ein? Während meiner Zeit in der Firma IBM besuchte ich viele Kunden und leitete Sitzungen. Bei Hewlett Packard leitete ich später den OEM-Verkauf und hatte zum Teil 30–40 Leute vor mir sitzen, die ich gar nicht kannte. Als sie den Raum betraten, reichten sie mir ihre Visitenkarte. Ich legte sie anschließend in der Sitzreihenfolge der Leute vor mir auf den Tisch, wodurch ich mich in der Situation zurechtfinden konnte. Die Anwesenden fanden das großartig, weil sie diese Methode zuvor noch nie gesehen hatten und sich dachten: »Mensch, der gibt sich wenigstens Mühe!«

Das Gehirn an die Leine nehmen

Bis zum 6. Juli 1986 gehörte mein schlechtes Gedächtnis ebenso zu meinem Alltag wie die raffinierte Technik, die ich entwickelt hatte, um dieses zu kaschieren. Und dann kam es zu folgendem Ereignis: Ich war in Boston und flog zurück nach Hause. Bei uns sollte eine Party stattfinden, weil meine Tochter ein halbes Jahr alt wurde – deshalb kann ich mich auch noch so gut an das Datum erinnern. Als ich in Zürich landete, wollte ich so schnell wie möglich nach Hause, fand mein Auto aber nicht im Parkhaus. Mein Trick bestand damals darin, mein Auto immer in den drei obersten Etagen desselben Parkhauses auf dem Flughaften Zürich-Kloten abzustellen, denn so musste ich maximal drei Etagen lang suchen. Gerade an diesem Tag funktionierte der Trick aber leider nicht! Eineinhalb Stunden suchte ich völlig erfolglos nach meinem Auto. Es hatte 30 Grad im Schatten, ich war durchnässt von Schweiß und hatte zwei schwere Koffer dabei. Dann verhedderte sich der schwerere der beiden Koffer in einer Metallleiste, woraufhin ich ärgerlich am Griff riss. Der löste sich mit einem Geräusch vom Koffer ab, welches in mir eine Erinnerung hervorrief: Ich war mit dem Zug gekommen!

In dem Moment war mir überhaupt nicht nach Lachen zumute. Stinksauer war ich. Deshalb entschloss ich mich am folgenden Tag dazu, endlich etwas gegen mein schlechtes Gedächtnis tun zu müssen.

Meine Mutter, die inzwischen 95 Jahre alt ist, kann sich heute noch daran erinnern, dass ich sie damals sogar anrief und sie fragte, ob es in unserer Familie schon einmal Fälle von Alzheimer gegeben hatte.

Als sie diese Frage verneinte, fühlte ich mich erleichtert. Die Situation war sehr ernst für mich, obwohl ich in besagtem Jahr erst 32 Jahre alt wurde.

Die große Frage bestand darin, was ich tun sollte. Gottlob traf ich damals die unbewusste Entscheidung, mir kein Buch über Lerntechniken anzuschaffen. Ich war auf der Suche nach etwas, das praktischer sein sollte als ein Buch. Tatsächlich stellte sich danach aber heraus, dass ein Buch nicht geschadet hätte. Problematisch ist die Lektüre nur insofern, weil man das Gelesene meist nicht in die Tat umsetzt und zu handeln beginnt. Von daher gilt meine Aufforderung an Sie: Wenn Sie dieses Buch lesen und ich eine Übung empfehle, dann machen Sie die Übung, bitte! Nur durch Übung wird sich Ihre Gedächtnisleistung verbessern! Unterdessen habe ich viel Erfahrung im Schreiben gesammelt, weshalb ich tatsächlich ab und zu von meinen Leserinnen und Lesern höre, dass sie erfolgreich die Übungen absolviert haben, zu denen ich ihnen geraten habe.

Nicht denken, üben!

Anstatt ein Buch zu lesen, kam mir zunächst eine andere Idee, weswegen ich zu meiner Frau sagte: »Wenn ich zu Hause bin, erledige ich den Großeinkauf.« An dieser Stelle muss ich erwähnen: Wir reden von 1986. In jener Zeit galt das Mobiltelefon noch als Utopie. Die einzigen Telefone, die man mitnehmen konnte, waren fest im Auto eingebaut, weshalb sie auch im Supermarkt nicht zur Verfügung standen.

Meine Frau gab mir dann beim Autofahren die Einkaufsliste durch, von der ich mir so viele Punkte wie möglich einzuprägen versuchte.

Übrigens gab es damals keine Freisprechanlagen – mein Auto hatte zumindest keine – den Hörer des Autotelefons durfte man sich noch ans Ohr halten.

Alle Dinge, die mir meine Frau aufzählte, brachte ich nie nach Hause, obwohl ich es über drei Jahre lang mindestens einmal pro Woche versuchte. Mein bestes Resultat war, 17 richtige Dinge von 20 genannten einzukaufen. An den Ort, an dem ich damals einkaufte, kann ich mich heute noch gut erinnern: Zwischen Zürich und Bern gab es eine Autobahnraststätte, den »Fressbalken«. Dort besuchte ich einen Laden, der neben Delikatessen sämtliche Lebensmittel anbot, die man benötigte. 17 Dinge stammten wie gesagt von den 20, die meine Frau mir durchgegeben hatte, aber mit nach Hause brachte ich insgesamt 27. Bei drei Punkten war ich mir nämlich nicht mehr sicher. Was hatte meine Frau aufgezählt? Hatte sie Quark gesagt, Milch, Joghurt, Rahm oder Käse? Daraufhin kaufte ich einfach alles, damit die richtigen Produkte auf jeden Fall dabei waren. Jetzt können Sie sich vielleicht vorstellen, wie frustrierend das über die drei Jahre hinweg war!

Allerdings war ich dermaßen genervt von meinem schlechten Gedächtnis, dass ich durchhielt und ständig neue Wege suchte, um mein Gehirn zu trainieren. Mit diesem Frustgefühl im Bauch saß ich eines Tages alleine in einem Hotel in New York – zwischenzeitlich hatte ich meine eigene Firma gegründet – und schaute fern. Es war sechs Uhr morgens. Intern war es für mich aber aufgrund der sechsstündigen Zeitverschiebung bereits zwölf Uhr mittags. Im Fernsehen lief eine Sendung, die »Amazing Discoveries« hieß. Eigentlich war das eine dieser Werbesendungen, bei der man ein Produkt eine halbe Stunde lang dermaßen genial präsentiert bekam, dass man irgendwann mit einer glühenden Kreditkarte vor dem Fernseher saß und sagte: »Das will ich haben!«

In dieser Sendung trat Kevin Trudeau auf und präsentierte dem Publikum sein Gedächtnistraining. Zu diesem Zweck stellte er einen kleinen Jungen vor, der behauptete, er könne die amerikanische Bundesverfassung auswendig. Der Junge war etwa 6–7 Jahre alt und konnte das erstaunlicherweise tatsächlich! Darüber wunderte ich mich, fragte mich jedoch gleichzeitig, ob da wohl ein Trick dahintersteckte. Allerdings interessierte mich die Technik so sehr, dass ich mir für ein paar Hundert Dollar über meinen Cousin in Chicago die zugehörigen Audiokassetten in die Schweiz schicken ließ. Von der Schweiz aus hätte man zu dieser Zeit niemals ein Produkt bei einer amerikanischen Firma bestellen können. Durch die Kassetten begann ich dann schließlich, auf dem Gebiet des Gedächtnistrainings zu experimentieren.

Eine kleine Bemerkung muss ich aber noch zu Kevin Trudeau machen, die fast schon etwas tragisch für mich ist: Durch ihn habe ich die Technik kennengelernt, die ich in diesem Buch beschreibe. Er selbst aber wurde wegen Diebstahls und Betrugs vor Gericht gestellt und zu mehreren Gefängnisstrafen verurteilt. Das letzte Mal verließ er im Januar 2022 nach acht Jahren das Gefängnis. Eine wirklich gute Referenz ist er von daher nicht für mich, auch wenn ich ihm viel zu verdanken habe. Manchmal bekommt mein sein Glück vom Universum auf sonderbaren Wegen geliefert!

Erfolgreich studieren

Wie ging es also weiter? Von den 50 Übungen, die ich mir auf den Kassetten anhörte, waren drei wirklich hervorragend. Die restlichen Übungen waren aber nicht überzeugend.

> *Wenn ich durch Gedächtnistraining eine besondere Form von Magie präsentieren wollte, dann sollten die Leute definitiv mehr bekommen, als sie erwarteten.*

Das war mir im Hinterkopf klar – wobei mir noch gar nicht bewusst war, dass ich in Zukunft einmal als Gedächtnistrainer arbeiten sollte. Es war zunächst auch gar nicht meine Absicht, meinen Beruf zu wechseln. Schnell fiel mir jedoch auf, dass ich Freunde, Bekannte, Leute im Restaurant, Menschen im Kino, Leute, die mit mir im Zugabteil saßen, durch besagte drei Übungen von Kevin Trudeau begeistern konnte. Mir fiel außerdem noch etwas anderes auf: Niemand wusste, wie die drei Übungen funktionierten. Ich kam mir vor wie ein Magier, der einen Zaubertrick vorführt. Alle sagten zu mir: »Das ist ja unglaublich, wie machst du das?« Aber noch besser war: Ich konnte den Menschen diesen Zaubertrick innerhalb von kurzer Zeit beibringen, mit dem Resultat, dass ihre Begeisterung dann richtig hoch war. Damals war ich Firmengründer eines Start Up-Unternehmens und äußerst beschäftigt, aber ich fasste trotzdem den Entschluss, an die Universität nach Zürich zu gehen, um dort in der Mensa in Kontakt mit Studenten zu treten. Ihnen wollte ich meine geniale Technik vorstellen und dabei herausfinden, ob ihnen diese Methode vielleicht schon bekannt war.

Ich fragte, ob sie bereit seien, mit mir einen Test durchzuführen, wofür ich sie einen hypothetischen Spickzettel für ihre nächste Prüfung notieren ließ. Dieser sollte 20 Stichworte in nummerierter Reihenfolge beinhalten, denn das war die Größenordnung einer Übung, die ich in einer Viertelstunde abhandeln konnte. Als alle ihre 20 Wörter auf dem Blatt stehen hatten, lasen sie mir ihre Listen der Reihe nach langsam vor. Schließlich nannten sie mir eine beliebige Zahl ihrer Liste und ich konnte den entsprechenden Begriff dazu ergänzen. Als mir weitere Zahlen genannt wurden, konnte ich auch ihnen die richtigen Begriffe zuordnen. Am Ende wollte ich wissen, ob die Studenten, die sich das Lernen quasi zum Beruf gemacht hatten, die Übung schon kannten, oder ob sie sagten: »Das ist etwas Neues für mich.«

Zu meiner großen Überraschung musste ich feststellen: Nicht einmal drei von 500 getesteten Studenten hatten eine Ahnung davon, wie die Übung funktionierte. Und diejenigen, die doch eine Ahnung hatten, hatten durch Zufall ein Buch darüber gelesen, wussten aber nicht, wie genau man die entsprechende Technik anwendete. Von daher fragte ich: »Würde es euch helfen, euch ganz bewusst 20 Dinge merken zu können?« Die meisten erwiderten dann, es sei in der Tat der Knaller, wenn sie das könnten. 20 Minuten setzte ich mich anschließend mit ihnen zusammen, bis auch sie meine Technik anwenden konnten. Es interessierten sich viele Studenten dafür, weswegen ich mit Hunderten von ihnen übte.

Zwei Dinge lernte ich aus dieser Erfahrung: Erstens konnte ich Einblick in verschiedene Lernthemen erhalten, weil die Studenten natürlich immer die Begriffe ihres spezifischen Fachs aufschrieben: Medizinstudenten hatten Anatomie in Latein, Architekturstudenten mussten sich irgendwelche Kennziffern merken, Geografiestudenten mussten sich Landkarten merken, andere Studenten waren mit hebräischen Schriftzeichen beschäftigt. Zweitens bemerkte ich, dass ich über das Talent verfügte, durch Logiktechnik jeden Lernstoff solchermaßen mit einer Geschichte verbinden zu können, dass sich die Studenten die Informationen am Ende tatsächlich einprägen konnten.

Die Art des Lernstoffs war also entscheidend für die Art und Weise, wie ich vorgehen musste, um den Studenten die richtige Technik für das Lernen beizubringen.

Als ich irgendwann bemerkte, dass alle Probanden weitertrainieren wollten, beschloss ich, meinen alten Job aufzugeben und mich darauf zu konzentrieren, dieses System zu erweitern und in ein neues System zu transformieren, das nicht nur oberflächlich Gedächtnistraining schult, sondern wirklich in die Tiefe geht. Das war der Startschuss für mein Mega Memory.

Ihr Einstieg ins Gedächtnistraining

Damit Sie an dieser Stelle bereits einen ersten Schritt auf Ihrem Weg zu einem besseren Gedächtnis gehen können, erzähle ich Ihnen jetzt eine kleine Geschichte, die sich tatsächlich so ereignet hat: Ich war in Venedig, saß am Canal Grande, sah mir die wunderschönen Gondeln an und überlegte: »Warum gibt es diese Gondeln eigentlich nur in Venedig und nicht in Hamburg? Dort gibt es sogar mehr Brücken als in Venedig. Aber auch in Amsterdam, wo es Grachten gibt, sind keine Gondeln zu finden. Wieso?« Dann nahm ich mein Handy und googelte den Begriff »Gondeln«. Ich stieß auf eine Information, über die ich verwundert feststellte: »Okay, spannend!«

> *Wenn man die Technik des Auswendiglernens beherrscht, hat man immer die Option zu sagen: »Okay, das merke ich mir!«*

Die Frage lautet also nie: »Kann ich mir das merken?« Die Frage lautet immer: »Will ich mir das merken?«

Daher dachte ich mir eine kleine Geschichte aus. Mein Tipp an Sie vorab: Lesen Sie die Geschichte genauso durch, wie ich sie erzähle, vielleicht lesen Sie sie sogar zweimal. Dann versuchen Sie, sich die Geschichte – am besten mit geschlossenen Augen – selbst zu erzählen. Sie werden relativ leicht feststellen, ob die Geschichte so korrekt ist, wie Sie sie erzählen. Also, los geht's! Einmal tief durchatmen!

Ihre erste Übungsgeschichte

Ich sitze also wie gesagt bei den Gondeln in Venedig und schaue in den Himmel und sehe, dass vom Himmel eine Eichel fällt, genau auf meinen Kiefer. Ich beginne zu lächeln. Jetzt entdecken Sie in Ihren Gedanken zwischen meinen Zähnen eine Nuss. In dieser Nuss steckt ein Kirschkern. Und diesen Kirschkern spucke ich bis zur Stadt Ulm und treffe in Ulm eine Tanne. An dieser Tanne hängt ein Buch. In diesem Buch steht das Rezept einer leckeren Lindt-Schokolade.

Alles okay? Dann lesen Sie die Geschichte jetzt bitte nochmal von vorne bis hinten! Jetzt kommt die Auflösung: Erstens, wir stellen fest, dass sich das Gehirn eine derartige Geschichte ganz einfach merken kann, vor allem, wenn Sie sich die Informationen bildlich vorstellen können. Wahrscheinlich wissen Sie sehr gut, wie eine Eichel aussieht. Die Eichel ist etwas Klares. Oder wenn ich »Kiefer« sage, dann meinen Sie genau das, was ich meine. Wenn ich aber »Ulm« sage, dann ist die Voraussetzung für Ihr bildliches Vorstellungsvermögen, dass Sie die Stadt überhaupt kennen. In Ulm steht das Ulmer Münster, also die Kirche, die den weltweit höchsten Turm hat! Nenne ich Ihnen hingegen den Begriff »Buch«, ist es für Sie nicht schwierig, sich geistig ein Buch vorzustellen.

Eine klare Vorstellung der Information ist also eine Bedingung, die gegeben sein muss, um sich etwas zu merken.

Die andere Bedingung besteht in der Fähigkeit, die Begriffe mit einer kleinen Geschichte verknüpfen zu können: Die Geschichte ist der Leim, der die Informationen zusammenhält.

Jetzt haben Sie also schon einiges gelernt! Wenn Sie Informationen haben, die sich Ihr Gehirn vorstellen kann, und diese mit einer Geschichte verknüpfen, bleibt all das außergewöhnlich gut im Gehirn oder Gedächtnis haften. Ich gebe Ihnen eine weitere Information: Wenn Sie in Venedig eine Originalgondel bauen möchten, müssen Sie dazu tatsächlich neun verschiedene Holzarten nutzen. Und eben diese neun verschiedenen Holzarten haben Sie mit dieser kleinen Geschichte soeben gelernt!

Das Originalrezept für eine venezianische Gondel

» Ich erzähle von einer Eichel, Sie denken an Eichenholz.

» Die Eichel fällt mir auf den Kiefer: Sie brauchen also Kiefernholz.

» Dann beginne ich zu lächeln: Sie benötigen Lärche.

» Dann sehen Sie eine Nuss, die steht für Nussbaumholz.

» Darin ist eine Kirsche, die Kirschholz bedeutet.

» Spucke ich nach Ulm, meine ich die Ulme.

» Treffe ich eine Tanne, heißt das Tannenholz.

» Daran hängt ein Buch, also Buchenholz.

» Und da drin ist das Rezept der Lindt-Schokolade: Lindenholz.

Halten Sie schnell inne beim Lesen, schließen Sie vielleicht kurz die Augen und gehen Sie nochmal die neun Holzarten durch. Wenn eine fehlt, dann lesen Sie die Geschichte nochmal. Ich gebe Ihnen fünf Chancen!

War das nicht erstaunlich? Wenn ich diese Geschichte an einem Vortrag erzähle, höre ich Zwischenrufe wie: »Das ist ja unglaublich!« oder »Nicht zu fassen!« oder bei Schülern sowas wie »Geil!« Von daher lautet mein Vorschlag an Sie: Genießen Sie diesen ersten Erfolg! Es gibt nichts Motivierenderes als Erfolg!

Die Magie der Klangbilder

Ist Ihnen aufgefallen, wie ich damit umgegangen bin, wenn ich mir eine Holzart nicht wirklich vorstellen konnte? Bei Lärche habe ich nämlich ein Klangbild verwendet: **Lä**cheln und **Lä**rche. Diesen Trick werden wir in Zukunft immer dann verwenden, wenn Sie eine Information lernen müssen, welche Ihr Gehirn nicht bildhaft darstellen kann. Dann ersetzen Sie das Bild mit etwas Ähnlichem, das Sie sich vorstellen können. Wenn Sie das Wort Burkina Faso lernen müssen – das ist ein Land in Afrika, das früher Obervolta hieß – wird Ihnen der Begriff sicherlich so wenig sagen wie die Hauptstadt Ouagadougou. Aber wenn Sie sich vorstellen: In diesem Land steht eine **Burg** aus **China**, zu der die Leute **fa**hren am **So**nntag, dann werden Sie merken – die Technik funktioniert!

Im Deutschen ist die Anzahl der gesprochenen Silben, Buchstaben und Laute begrenzt.

Insgesamt gibt es etwa 140, weswegen wir in Zukunft immer wieder auf dieselben Silbenbilder zurückgreifen werden.

Wie man sich Klangbilder zurechtlegt

Ich habe jedes Mal, wenn ich mir eine Silbe in einem Silbenbild vorstellen will, eine Auswahl von drei oder vier Möglichkeiten.

- Ein Mond wird dann zu »Mo«.
- Mehl wird zu »Me«.
- Sonne ist »So«.
- Re« ist ein Tier, ein Reh.
- »Rie« wird ein Riese.
- »Q« wird eine Kuh auf der Weide.
- »Ni« wird dann der Nil oder Nick.

Dieses Buch wird Sie nach und nach mit Übungen konfrontieren, in denen Sie ein ganzheitliches Verständnis dafür entwickeln werden, wie man diese Silbenbilder verwendet. Das ist der erste Schritt zu einem besseren Gedächtnis. Kleiner Tipp: Schreiben Sie jetzt mal die neun Holzarten auf und dann lesen Sie weiter!

Gondelbau aus dem Gedächtnis

1. ....
2. ....
3. ....
4. ....
5. ....
6. ....
7. ....
8. ....
9. ....

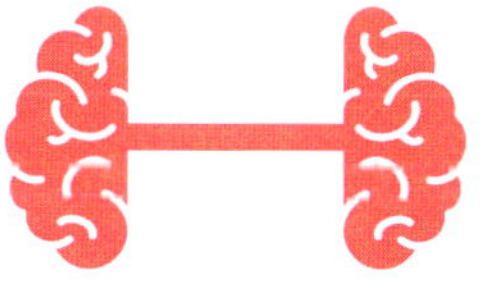

2. Spürbar mehr Erfolg mit einem guten Gedächtnis

Die Sache mit der Merkfähigkeit

Wenn das Gehirn leistungsschwach ist, macht sich dieses Defizit im Alltag stark bemerkbar: Man gerät in unangenehme Situationen, weil man den Namen des neuen Kollegen vergisst, an der Kasse beim Bezahlen wieder einmal die falsche Pinnummer eingibt oder sich während einer Klausur nur bruchstückhaft an wichtige Informationen erinnern kann. Das Gehirn beeinflusst unsere Lebensqualität auf ganz entscheidende Art und Weise, aber andererseits können wir durch ein entsprechendes Training so auf unser Gedächtnis einwirken, dass wir seine Leistungsfähigkeit ganz enorm steigern.

In meiner Zeit als Verkäufer in Vertriebsfirmen wie IBM oder Hewlett Packard habe ich etwas gelernt: Menschen kaufen kein Produkt, sondern Sie sind lediglich an dem Vorteil interessiert, den ihnen dieses Produkt bringt. Was nützt ihnen ein derartiges Produkt? Beim Gedächtnistraining war deshalb sehr schnell klar: Wenn ich jemandem nicht plausibel erklären konnte, dass er einen wirklichen Nutzen davon hatte, war er nicht bereit zu üben.

Der kritische Punkt beim Gedächtnistraining besteht für mich als Trainer immer darin, den anderen dazu zu bringen, zu handeln, zu üben, sich zu vertiefen, meine Übungen wirklich zu machen und nicht nur davon zu lesen, was er tun würde, wenn er es täte. Der Nutzen war immer der Herzensöffner, wenn ich einen Menschen fragte: »Wäre es nicht toll, wenn du dir an einem einzigen Abend auf einer Party 30 Menschen so gut einprägen könntest, dass du sie am anderen Morgen noch erkennst?« Ich habe auf diese Frage fast immer ein Ja bekommen, außer von den wenigen Menschen, die sagten: »Das kann ich eh schon!« Dann konnte ich nur gratulieren.

Ein gutes Gedächtnis kann mir helfen, anderen Menschen Wertschätzung zu zeigen

Ein gutes Namens- und Zahlengedächtnis hat den vordergründigen Nutzen, dass man wichtige Informationen leicht und schnell abrufen kann. Dahinter steckt aber der Schlüssel zum persönlichen und beruflichen Erfolg. Wenn ich Menschen den richtigen Namen zuordnen kann oder von jedem Kollegen das richtige Geburtsdatum im Kopf habe, bringe ich meinen Mitmenschen pure Wertschätzung entgegen. Und wer Wertschätzung erfährt, wird eine positive Einstellung zu mir einnehmen. Mit einem guten Gedächtnis kann man systematisch und authentisch die eigene Karriere fördern. Viele Menschen kennen das Phänomen: Wer beim Bäcker mit Namen angesprochen wird, wird zum Stammkunden. Ein Ziel des Gedächtnistrainings könnte also eine bessere Kundenbindung sein und die Maximierung der Kundenloyalität.

Diese drei Ziele möchte ich mit einem besseren Gedächtnis erreichen

1. ....

2. ....

3. ....

Das zweite Thema, das sich ebenfalls großer Beliebtheit erfreut, ist die Fähigkeit, sich gut Zahlen merken zu können: Telefonnummern, die Sitzplatzreihe im Flugzeug, Geburtstage, Kennziffern, Jahreszahlen. In den folgenden Übungen werde ich ein paar konkrete Beispiele machen – Sie werden erstaunt sein, wie schnell Sie sich größere Ziffernabfolgen merken können!

Zahlen, Bilder, Zahlenbilder

Wenn ich einen Vortrag halte und die Frage stelle: »Wer möchte ein besseres Zahlengedächtnis haben?«, dann heben etwa 80 Prozent der Anwesenden die Hand. Anschließend frage ich: »Wer von Ihnen hat Mühe, sich eine Zahl zu merken, die länger ist als zehn Stellen?« Dann sind 99 Prozent der Hände oben. Das eine Prozent, das fehlt, hat mich in der Regel nicht richtig verstanden oder den Arm in Gips.

> Tatsächlich ist das Training des Zahlengedächtnisses, wenn man es denn richtig macht, eine der leichteren Übungen.

Bevor ich mit meiner Technik auf den Markt kam, war es allerdings schwieriger, da man ein Training von mehreren Wochen mit täglich 15 Minuten benötigte, um sich eine Zahl gut merken zu können. Heute bin ich so weit, dass man nach etwa vier Stunden Training davon ausgehen kann, dass jeder Mensch, der meine Übungen gemacht hat, auch in der Lage dazu ist, eine fünfzigstellige Zahl – wenn es denn notwendig wäre – zu lernen.

Warum könnte es sinnvoll sein, sich im alltäglichen Leben Zahlen merken zu können? Hierzu möchte ich Ihnen folgendes Beispiel geben: Ich werde von meinem Gegenüber angesprochen: »Rufst du mich morgen an?« Allerdings habe ich seine Telefonnummer nicht und kann sie auch nicht schnell abspeichern, weil ich beim Skifahren bin. Es ist sehr kalt und ich habe das Handy im Anorak verstaut. Trotzdem entgegne ich: »Ja, klar! Gib mir deine Nummer, die merke ich mir jetzt!« Der andere zeigt sich dann erstaunt und fühlt sich persönlich berührt, weswegen er erwidert: »Ist es tatsächlich möglich, dass du dir die Telefonnummer einfach so merken kannst?« Dann verspreche ich, es sei möglich und erhalte daraufhin die Nummer. Diese speichere ich mental ab und schlage anschließend vor: »Gib mir auch noch deine Festnetznummer, dann merke ich mir die auch!« Wenn der andere in diesem Moment das Gefühl bekommt, dass ihm vis-a-vis ein Genie gegenübersteht, dann stimmt das natürlich nicht. Zahlen sind innerhalb weniger Stunden lernbar, wenn man richtig mit ihnen umgeht. Man sollte als Gedächtnistrainer nur wissen: »Wie muss ich meine Technik formulieren, dass die anderen die Übung ebenso schnell können wie ich?« Da ich mein Mega Memory mit Zehntausenden von Menschen getestet habe, habe ich herausgefunden, wie ich vorgehen muss ...

Reden ohne Spickzettel

Neben der Zahlenthematik gibt es natürlich auch noch andere spannende Bereiche auf dem Gebiet des Gedächtnistrainings. Wenn ein Schüler sagt: »Ich will an der Prüfung den Spickzettel im Kopf haben und nicht schriftlich auf einem Stück Papier!«, dann ist es wichtig, dass er die Fähigkeit besitzt, sich Dinge so zu merken, dass er sie jederzeit wieder abrufen kann. Die nächste Übung wird von daher genau in diese Richtung gehen und kann auch für die freie Rede verwendet werden. Mit der richtigen Gedächtnistechnik können Sie garantiert zwei Stunden ohne die Hilfe eines Spickzettels frei vor einem Publikum reden.

Freies Sprechen wirkt professioneller und kompetenter!

Neben der freien Rede fällt auch das Thema Sprachenlernen in den Bereich des Gedächtnistrainings. Wie kann ich mir französische oder englische Vokabeln besser merken? Bei mir finden Sie intensive Sprachtrainings, die auf Gedächtnistrainingstechniken basieren. Auf diese Art und Weise können Sie momentan – wir schreiben das Jahr 2022 – Spanisch, Englisch, Russisch und Kroatisch lernen! In Zukunft werden noch Italienisch, Französisch und Thailändisch dazukommen. Statt mir Grammatik und Wörter zu merken, erzähle ich hier kleine Geschichten. Im Kapitel Sprachen werde ich hierzu zwei oder drei Beispiele machen. Freuen Sie sich darauf, es ist ein cooler und unterhaltsamer Weg des Lernens!

Wie schreibt man das nochmal?

Zum Thema Sprachen gehört ebenso das Thema Rechtschreibung. Genau mit derselben Technik, mit der ich mir englische Vokabeln merken kann, kann ich mir merken, wie ich Wörter auf Deutsch schreibe, wenn Deutsch meine Muttersprache ist. Das sind also die Hauptthemen: Zahlen, Namen, Spickzettel, Sprachen – und natürlich das Thema, wie ich im Langzeitgedächtnis an Informationen komme. Auf dieses werde ich erst dann zu sprechen kommen, wenn Sie ein paar grundlegende Übungen kennengelernt haben. Sie können mich natürlich jederzeit persönlich anrufen oder anschreiben, falls Sie Fragen haben!

Die Telefongespräche, die ich führe, dauern meistens 5–6 Minuten, weil die Übungen leicht zu meistern sind. Wenn Sie möchten, kann ich Ihnen gerne weitere Tipps zu meiner Herangehensweise geben. Wenn Sie dieses Buch lesen, dann entspricht dies einem etwa dreistündigen Vortrag, was selbstverständlich noch nicht das Ende der Fahnenstange sein kann! Damit Sie die Übungen langfristig und nachhaltig in Ihren Alltag integrieren können, sollten Sie etwa 10–15 Stunden weitertrainieren.

Natürlich können Sie auch meinen Videokurs nutzen oder bei mir ein Seminar besuchen. Beides wird Ihnen eine zusätzliche Unterstützung bieten. Jetzt haben Sie einen guten Überblick darüber, was Sie auf den folgenden Seiten erwarten wird! Durch möglichst viele Übungen möchte ich Ihnen nun zeigen, wie Gedächtnistraining funktioniert. Hoffentlich werden Sie ebenso wie ich eine große Begeisterung für diese mentalen Techniken entwickeln.

Entdecken Sie die Kreativität, die in Ihnen steckt und stärken Sie Ihr Selbstvertrauen durch ein optimiertes Gedächtnis!

Wenn Sie so wie ich ein bisschen älter sind, dann können Sie ein hervorragendes Hirnjogging absolvieren! Man kann das, was man Altersdemenz nennt, weitgehend verhindern, wenn das Gehirn aktiv bleibt – außer natürlich, wenn man an Alzheimer erkrankt. Dieses Buch eignet sich von daher ganz hervorragend als Geschenk für ältere Menschen. Da das Gehirn im Gegensatz zum Körper nicht so schnell abbaut, kann man durch eine entsprechende Technik auch im höheren Alter für Lebensqualität sorgen. Jetzt wünsche ich Ihnen aber viel Vergnügen bei den Übungen und sage: »Los geht's!«

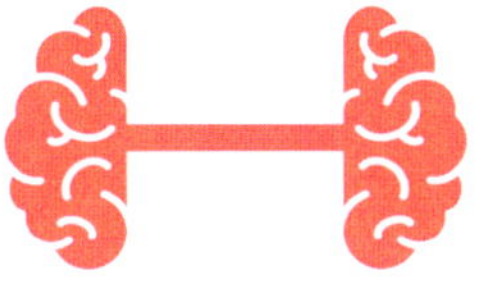

3. Den Kopf aufräumen

Der große Speicher

Im Gegensatz zu einer digitalen Festplatte hat das menschliche Gehirn den Vorteil, dass man es beliebig erweitern und neue Verknüpfungen herstellen kann. Es verfügt über eine unbegrenzte Speicherkapazität. Wenn man trainiert ist, kann man es mit einer Vielzahl an Informationen füllen. Hierzu dienen die sieben Mentalfaktoren **A**ssoziation, **F**antasie, **L**okalisation, **T**ransformation, **V**isualisierung, **E**motion, **L**ogik. In einem Akrostichon ausgedrückt: **All Factors Lead To Very Efficient Learning.**

Was glauben Sie? Wenn Sie merken, dass Sie etwas vergessen haben, sind diese Daten dann aus Ihrem Gedächtnis gelöscht? Oder wissen Sie ganz einfach nur nicht mehr, wo sich die Daten befinden?

Ich mache einmal ein Beispiel: Sie gehen mit Ihren Freunden innerhalb eines Monats siebenmal ins Kino. Jahre später versuchen Sie, sich daran zu erinnern, welche Filme Sie damals gesehen haben. Wie groß ist die Chance, dass Sie von den sieben Filmen nur noch zwei oder drei nennen können? Vielleicht können Sie sich auch nicht mehr daran erinnern, in welcher Reihenfolge Sie sich die Filme angeschaut haben. Genau hier liegt unser Problem mit dem Gedächtnis: Wir wissen zwar, dass wir die Daten im Kopf haben, aber wir wissen nicht, wo sie liegen.

Stellen Sie sich jetzt vor, Sie behängen eine Wand mit 30 Kinoplakaten. Darunter befinden sich sieben Plakate von den Filmen, die sie damals gesehen haben. 23 Filme sind Ihnen unbekannt. Es würde Ihnen nun leichtfallen, die sieben Spielfilme zu identifizieren, die Sie bereits kennen. Wenn die Plakate dann auch noch in der richtigen Reihenfolge hängen, ist es nicht mehr schwierig, die richtige Reihenfolge festzustellen, in der Sie sie damals gesehen haben. Aber dazu benötigen Sie eine entsprechende Fähigkeit, die Sie im Moment noch gar nicht in Ihrem Kopf haben können – diese muss man nämlich erlernen.

Jeden Tag aufs Neue lernen

Vor ungefähr acht Jahren ereignete sich folgende Begebenheit: Meine Frau und ich fuhren mit dem Auto von Karlsruhe Richtung Basel und befanden uns in Deutschland auf der A5. An der Tankstelle entdeckte ich eine Live-CD von meinem Freund Eckart von Hirschhausen, der zusammen mit Guido Cantz witzige Anekdoten erzählt. Eineinhalb Stunden dauerte die Fahrt von Karlsruhe nach Basel, aber es fühlte sich mit der CD nur wie höchstens 30 Minuten an, weil es unglaublich lustig war. Ungefähr hundert Witze und Anekdoten wurden erzählt. Am nächsten Morgen fragte mich meine Frau dann beim Frühstück: »Sag mal Gregor, wie viele Witze von der CD könntest du jetzt spontan erzählen?« Tatsächlich suchte ich länger im Kopf und fand dort nur vier Witze.

Diese Geschichte erzähle ich in der Regel besonders gerne, wenn ich Lehrerinnen und Lehrer schule. Abschließend frage ich: »Wem von Ihnen in diesem Saal kommt diese Situation bekannt vor?« Dann gehen beinahe alle Hände nach oben, weil die Lehrer sofort wissen: »Stimmt, wenn ich einen perfekten dramaturgischen Vortrag vor der Klasse halte, dann können sich die Schüler nach ein paar Tagen oder Wochen an maximal 4–5 Prozent des Lernstoffs erinnern. Das ist wissenschaftlich belegt und sehr schade. Ich bin als Lehrer total gut ausgebildet und habe ein enormes Wissen, die Schüler sind interessiert an dem Thema, von dem ich berichte, und trotzdem können sie sich nicht mehr merken.« Dann frage ich die Lehrerinnen und Lehrer: »Wenn wir eine Chance hätten, die Merkfähigkeit der Schüler von 4–5 Prozent auf 40–50 Prozent zu steigern und Sie müssten dafür nur 5–6 Stunden in Ihrem Leben trainieren, ein wenig experimentieren und üben und wieder Kind werden beim Lernen, wer wäre denn dann an so einer Technik interessiert?« Dann gehen alle Hände nach oben.

Die Einkaufsliste – die alltägliche Challenge

Genau darum wird es jetzt gehen: Ich werde Ihnen Schritt für Schritt zeigen, wie man im Gehirn Ordnung schafft, damit die Daten, die da sind, auch wieder gefunden werden können.

Mit der venezianischen Gondel haben Sie ja bereits den ersten Schritt in die Welt des Gedächtnistrainings getan, weshalb wir jetzt noch einen Schritt weitergehen wollen. Beginnen wir doch einmal mit etwas ganz Einfachem, nämlich mit einer Einkaufsliste. Sie erinnern sich: Meine Frau und ich haben so trainiert, dass sie mir beim Autofahren eine Einkaufsliste diktierte. Verzweifelt versuchte ich dann, sämtliche Produkte von der genannten Liste richtig einzukaufen, bis ich schlussendlich die richtige Merktechnik herausgefunden hatte. Dann war ich in der Lage dazu, 20 Dinge mental derart exakt abzurufen, dass ich die Liste vorwärts, rückwärts und nummeriert konnte. Wenn meine Frau nach der Nummer 15 auf der Liste fragte, dann wusste ich, um welches Produkt es sich handelte. Klar brauche ich nicht bei jedem Lernstoff die Fähigkeit, diesen nummerieren zu können, aber wenn ich es möchte, dann habe ich die Fähigkeit auf jeden Fall. Ich habe Ihnen hier eine Liste von 20 Dingen aufgeschrieben, die ich einkaufen soll.

Die Einkaufsliste

1. Eier
2. Salat
3. Fisch
4. Tomaten
5. Zucker
6. Mehl
7. Milch
8. Karotten
9. Pfeffer
10. Kartoffeln
11. Batterien für die Waage
12. Schreibpapier
13. Broccoli
14. ein Buch über Mathematik
15. das Auto beim Kundendienst anmelden
16. ein Buch zurückbringen in die Bibliothek
17. Weichkäse aus Frankreich
18. Sonnencreme
19. ein Blumenstrauß für meine Frau
20. Ich muss noch tanken gehen.

Diese 20 Dinge will ich mir jetzt so abspeichern im Kopf, dass ich mir alle Punkte in der richtigen Reihenfolge vorwärts und rückwärts merken kann. Mal schauen, wie die Technik funktioniert!

Wie ich etwas in meinem Gehirn speichere

Nun werde ich Ihnen eine Technik vorstellen, die auf der Basis uralten Wissens beruht und zurückgeht auf die griechische, ägyptische und römische Hochkultur. In jener Zeit war es wichtig, sich im Unterricht Dinge im Kopf einprägen zu können, weil Papier noch nicht zur Verfügung stand und Informationen nicht schnell und einfach verschriftlicht werden konnten.

Unter den Römern konnte Cicero zwei Stunden in Versen sprechen und soll sich dabei nie vertan haben!

In der Tat erschuf er Räume in seinem Kopf, in welchen er seine Gedanken ablegte. Bei Bedarf schritt er dann mental in den entsprechenden Raum und konnte dort die gesuchten Daten erneut auflesen.

Die griechische Technik war der römischen sehr ähnlich: Der Lehrer ging mit seiner Klasse spazieren, die natürlich noch nicht aus 20, sondern höchstens aus fünf oder sechs Schülern bestand. Auf dem Weg gab er den Schülern an ausgesuchten Punkten gewisse Informationen. Am Abend musste die Klasse den Weg noch einmal ablaufen und konnte sich die Informationen dann an den vordefinierten Punkten einsammeln.

Diese Methode wird am besten verständlich, wenn man sie persönlich erlebt und richtig übt. Und eben hierfür steht Ihnen dieses Buch zur Verfügung! Deshalb werde ich Ihnen nun eine Liste mit 20 Dingen nennen, die Sie durchlesen müssen, um sich jeden Punkt bildlich vorstellen zu können. Sie werden bemerken, dass Sie die 20 Begriffe tatsächlich in 5–6 Minuten beherrschen!

Die Liste funktioniert wie ein Briefkastensystem.

Ein Briefkasten ist ein gutes Symbol für meine Vorgehensweise.

Während eines Vortrags pflege ich zu fragen: »Warum finden Sie eigentlich jeden Tag zu Hause Ihre Post?« Alle lachen dann, weil ja klar ist, wo sich die Post befindet. Stellen Sie sich vor, Ihr Postbote wäre so kreativ und würde die Post abwechselnd in der Badewanne, im Kühlschrank oder im Gartenhäuschen ablegen – das wäre doch sicher auf Dauer sehr anstrengend!

Die Baumliste – sich 20 Sachen merken

Es geht jetzt darum, sich eine Liste mit 20 Wörtern zu verinnerlichen. Diese Liste soll für Sie die Möglichkeit eines virtuellen Ortes eröffnen, an dem Sie Daten ablegen können. Jetzt schaffen wir für diesen Ort also 20 Briefkästen!

Der Trick ist relativ einfach, ich nehme die ersten 20 Zahlen – ich kann ja davon ausgehen, dass jeder zählen kann, und auch, dass die 13 vor der 14 kommt und die 17 nach der 16. Nun werde ich diesen Zahlen Bilder zuordnen.

Bei der 1 bietet sich ein Baum an, denn der Baumstamm könnte aussehen wie eine 1. Tatsächlich ist das Bild aber frei wählbar. Sie könnten auch eine Kerze wählen oder einen Leuchtturm oder einen Bleistift – alles, was Sie gerade an eine 1 erinnert. Jetzt gehen wir weiter zur 2. Hier denke ich an eine Lampe, weil diese entweder hell oder dunkel oder eingeschaltet oder ausgeschaltet ist. Nummer 3 ist ein kleiner Hocker mit drei Beinen. 4 ist ein Auto mit 4 Rädern. Die 5 ist eine Hand mit 5 Fingern. Ich glaube, das war nicht schwer. Bitte wiederholen Sie die Liste noch einmal!

Nummer 6 ist ein Würfel mit 6 Seiten, sie können ja keine 7 würfeln. Die 7, das sind die 7 Zwerge. 8 ist eine Achterbahn. 9 ist eine Katze, weil der Schwanz wie der einer Katze aussieht. Und die 10 ist eine Bibel, in der sich die 10 Gebote befinden. Auch diese fünf letzten Begriffe waren jetzt nicht wirklich schwierig. Wenn Sie diese 10 Wörter rückwärts in Ihrem Kopf aufsagen möchten, dann ist das eigentlich relativ einfach. Halten Sie inne, schließen Sie die Augen und versuchten Sie, die Bilder abzurufen. Wenn Sie noch kein klares Bild haben, dann schauen Sie ins Buch und machen erst dann weiter, wenn Sie die ersten 10 Wörter können! Gehen wir weiter zu 11–20!

11 ist das Wort Fußball, weil eine Fußballmannschaft aus 11 Spielern besteht und eventuell ein Elfmeter fällt. 12 stellt einen Geist dar, der um Mitternacht erscheint. 13 ist ein Fahrstuhl, weil es in Amerika keinen dreizehnten Stock gibt. Es gibt auch viele Fluggesellschaften, bei denen keine dreizehnte Sitzreihe existiert. 14 ist ein Herz, das an den Valentinstag am 14. Februar erinnert, an welchem man sich gegenseitig herzt. 15 ist ein Ritter, denn im 15. Jahrhundert ist das Rittertum ausgestorben. Offenbar entwickelten die Engländer Waffen, die stärker waren als die französische Ritterrüstung, weshalb das Tragen der Rüstung an Bedeutung verlor. Dieses Drumherum ist eigentlich Zugemüse, wichtig ist letztlich nur, dass ich weiß, dass die 15 ein Ritter ist.

16 sind Teenager, also Jugendliche mit 16 Jahren. Der Begriff ist uns bekannt! 17 ist das Bild für das Kartenspiel Siebzehn und Vier, welches man im Casino Black Jack nennt. 18 steht für 18 Uhr und für den Abendverkehr, wenn ich nach Hause fahre. 19 wäre dann 19 Uhr, also das Abendessen.

Irgendwann stellte ich fest, dass ich keine vorstellbaren Bilder für Zahlen über 19 generieren konnte, weswegen ich solche unbedingt finden musste. Mir kam schließlich die Idee, ein virtuelles Haus zu entwerfen, da sich jeder die Räume eines Hauses vorstellen kann! Die Gegenstände, die in diesen Räumen untergebracht sind, konnte ich als Zahlenbilder verwenden. Zahlen über 20 wurden somit derart darstellbar, dass sich jeder damit identifizieren konnte.

Diese Idee übernahm ich von den alten Griechen und Römern, erweiterte sie aber um den Schritt, sie als Zahlenbilder zu nutzen. Das war gewissermaßen eine Revolution auf dem Feld des Gedächtnistrainings!

Ab 20 aufwärts verwende ich 8 Zehnerräume, die alle mit Wohnung, Büro, Garage, Fitnesscenter in Verbindung stehen. Sie werden jetzt gleich feststellen, dass ich Ihnen die Liste dieser 8 Räume in ganz kurzer Zeit beibringen kann. Alles beginnt nämlich im Schlafzimmer, weil das der Ort ist, an dem man morgens in der Regel aufwacht. Anschließend gehe ich zum Duschen ins Bad, das ist die nächste Zehnergruppe, dann gehe ich zum Teetrinken in die Küche. Anschließend gehe ich von der Küche aus durchs Wohnzimmer, durch den Garten ins Büro und werde dann von meinem Kollegen im Auto nach Hause gefahren und ruhe mich aus.

Es existieren bereits seit Hunderten von Jahren Bücher, die diese Technik in dieser Form darstellen, allerdings sind diese Bücher immer genau dann zu Ende, wenn es über die Zahl 20 hinausgeht.

Aus diesem Grund habe ich dieses System entwickelt, durch das höhere Zahlen bis 1000 in einem Bild dargestellt werden können.

Diese Technik kann man außergewöhnlich schnell lernen!

Das sind meine acht Räume

1. Beim Erwachen das Schlafzimmer
2. Zum Duschen das Bad
3. Zum Teetrinken die Küche
4. Zum Durchqueren das Wohnzimmer
5. Und den Garten
6. Dann das Büro
7. Ich fahre mit dem Kollegen in seinem Auto
8. Ich ruhe zu Hause meinen Körper aus

In diesem Buch werde ich nicht die ganze Hunderterliste erklären können, weil diese einfach zu weitläufig wäre. Aber wenigstens den ersten Raum werde ich Ihnen zeigen, damit Sie am Schluss nicht nur 20 Dinge im Kopf haben, die Sie als Briefkästen benutzen können, sondern sogar 30.

Zahlen mit einer Null an letzter Stelle wie 20, 30, 40 oder 50 stehen für einen Raum, in welchem ein Zehnergrüppchen positioniert wird. 20 wäre dann das Schlafzimmer, 30 das Bad, 40 die Küche, 50 das Wohnzimmer, 60 der Garten, 70 das Büro, 80 die Garage, in der ich das Auto für den Heimweg parke, 90 das Fitnesscenter, in dem ich meinen Körper trainiere.

Wenn ich Ihnen nun die Frage stelle, welches Zahlenbild für die 40 steht, dann können Sie an ihren Fingern abzählen, dass es die Küche sein muss. Natürlich wäre es noch optimaler, wenn Sie sagen: »In der Küche gibt es vier Herdplatten.« Sie können auch im Bad auf einem dreibeinigen Hocker duschen. Oder Sie tragen Handschuhe im Wohnzimmer, weil ja die Hand für die Zahl 5 steht – dann wissen Sie: 50 ist das Wohnzimmer. Wenn Ihre Kinder Ihre Würfel im Garten vergessen haben, dann steht der Garten für die 60. 70 bedeutet dann, dass die 7 Zwerge im Büro arbeiten. Bei der 80 können Sie im Reifen des Autos deutlich eine 8 erkennen und bei der 90 hat sich eine Katze ins Fitnesscenter verirrt. Okay, springen wir erstmal ein Stück zurück!

Die Baumliste

1 Baum

2 Lampe

3 Hocker

4 Auto

5 Hand

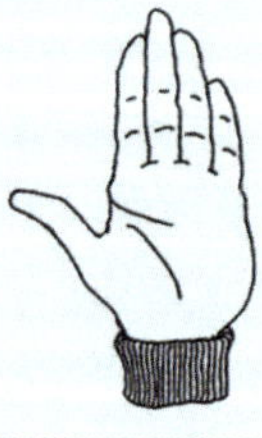

6 Würfel

7 Zwerge

8 Achterbahn

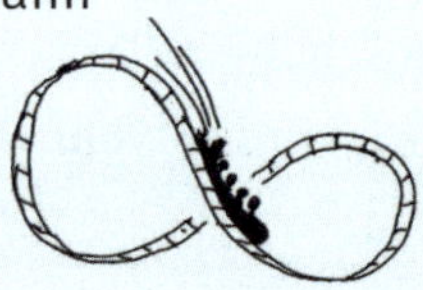

9 Katze

10 Bibel

11 Fußball

12 Geist

13 Fahrstuhl

14 Herz

15 Ritter

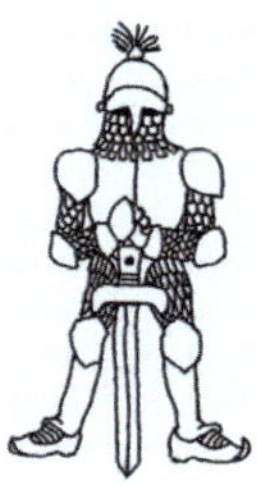

16 Teenager

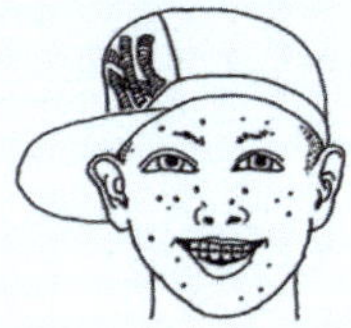

17 Kartenspiel

18 18.00 Uhr: Abendverkehr

19 19.00 Uhr: Abendessen

20 Schlafzimmer

Nun sehen Sie die 20 Bilder mit der entsprechenden Zahl. Es befindet sich ein Abstand zwischen dem Begriff und der Zahl, damit Sie eine Seite mit Ihrer Hand abdecken können. Jetzt können Sie sich selbst abfragen: Wenn Sie die 9 betrachten und sich dabei an die Katze erinnern, können Sie die Hand wegnehmen, um zu kontrollieren, ob Ihre Assoziation stimmt. Bitte trainieren sie so, dass Sie die ersten 20 Begriffe bis zum Schlafzimmer vollständig beherrschen! Lesen Sie erst dann weiter im Buch! Bereits diese Übung löst die Erkenntnis aus: »Wow, das funktioniert ja tatsächlich!«

Was geschieht, wenn ich etwas positiv wahrnehme?

Ich beginne, Selbstvertrauen aufzubauen. Ich traue es mir zu! In der Lernpsychologie kommt spannenderweise dieser Moment, in dem man sagt: »Der ist im Flow!« Im Kopf werden Endorphine angeregt und beginnen zu toben. In diesem Zustand fühlt man Leichtigkeit, Selbstsicherheit und Freude. Er entsteht, wenn Sie die mentale Erwartung haben, den Stoff auf einem hohen Niveau lernen zu können, um Ihr Ziel zu erreichen.

Dieses Gefühl entsteht auch beim Videospiel, weswegen Kinder und Jugendliche 10–15 Stunden am Tag spielen können, ohne müde zu werden. Sie wissen ganz genau: »Ich bekomme das nächste Level hin. Ich muss zwar Gas geben und mich bemühen, aber ich weiß, ich schaffe es.« Sobald der Eindruck entstände, dass das nächste Level nicht zu meistern und zu schwierig sei, würde das Durchhaltevermögen sinken. Ebenso sieht es mit dem Lernstoff in der Schule aus: Ist er zu einfach, ist er nicht spannend. Wenn er hingegen zu kompliziert ist, ist er auch nicht spannend. Wichtig ist außerdem das Gefühl, dass man den Lernstoff bewältigen kann. Deshalb ist es großartig, wenn Lehrer in der Schule Ziele relativ hoch ansetzen, die Schüler sich bemühen müssen, aber am Schluss feststellen: »Wow, ich kann das wirklich!«

In diesem Zustand wird ein Schüler dramatisch besser lernen. Er wird auf keinen Fall sagen: »Oh man, wann ist denn dieser Tag vorbei!«

Schön, jetzt haben wir ja noch unsere Einkaufsliste! Ich gehe davon aus, dass Sie diese noch nicht auswendig können, weswegen wir uns ja diese Mühe hier machen. Ohne dass Sie jetzt zurückblättern müssen, werde ich Ihnen diese Dinge so beibringen, dass Sie diese in kurzer Zeit nummeriert abrufen können. Und klar, wenn Sie diese Liste nummerieren können, können Sie das auch vorwärts oder rückwärts. Also beginnen wir! Kombinieren Sie die Einkaufsliste mit der Baumliste!

Von Baum bis Bibel

Das erste logische Bild ist der Baum. Stellen Sie sich nun vor, dass an diesem Baum keine Äpfel oder Birnen wachsen, sondern Eier. Ihr Gehirn kann sich diese Information vorstellen, auch wenn sie vollkommen unnatürlich ist. Wir können uns vorstellen, was immer wir wollen. Das Gehirn kann nicht wirklich zwischen Realität und Fantasie unterscheiden.

Bei der Nummer 2, die für die Lampe steht, können Sie Licht, einen Lichtschalter oder Elektrizität wählen – alle Varianten funktionieren. Hier ist der entsprechende Begriff Salat, weswegen am Lampenschirm grüner Salat hängt.

Nummer 3 steht für den Hocker mit 3 Beinen. Auf diesem liegt ein Fisch ... Dieses Gefühl, wenn ich mich in einen glitschigen Fisch reinsetze und der Klang dazu, das lässt mich bei der Nummer 3 eindeutig Fisch sagen.

Nummer 4 ist das Auto mit den 4 Rädern. Heute tanke ich Tomaten und teste dann, ob das Auto danach noch startet.

Nummer 5 ist die Hand mit den 5 Fingern: Hier verwende ich den Begriff Zucker, weswegen ich mir vorstelle, wie ich mit meiner Hand einen Zuckerwürfel greife und ihn betrachte. Ich fühle, dass er hart und scharfkantig ist.

Nummer 6 ist ein Würfel und verbunden mit dem Wort Mehl. Ich besitze eine Dose in Würfelform, worin ich das Mehl aufbewahre. Das Coole ist, dass ich entscheiden kann, ob ich viel oder wenig Mehl benötige: Wenn ich die 1 nach oben drehe, kommt wenig Mehl heraus, wenn ich die 5 nehme, kommt viel Mehl heraus. Es hilft also, immer eine kleine Geschichte zu erfinden!

Nummer 7 bedeutet, dass die 7 Zwerge Milch trinken, die Schneewittchen vom Markt mit einer Kanne nach Hause gebracht hat.

Nummer 8 ist eine Achterbahn, von der die Menschen Karotten ins Publikum werfen. Von unten aus gesehen fliegen also plötzlich Karotten vom Himmel.

Nummer 9 ist eine Katze, die ihren Schwanz wie eine 9 krümmt. Sie hat mit ihrer Pfote eine Prise Pfeffer aufgenommen, die sie mit der Zunge zu testen versucht und verzieht deswegen ihr Gesicht. Das Fell sträubt sich ihr deswegen.

Nummer 10 ist die Bibel mit den 10 Geboten. Als Lesezeichen verwende ich Pommes frites, weshalb sich Fettflecken auf dem Papier bilden. Mein Gehirn erlaubt es mir, beim Einkaufen dann tatsächlich auf Kartoffeln und nicht auf Pommes frites zu schließen.

Die Kunst der Wiederholung

Jetzt machen wir uns an die Wiederholung. Fragen Sie sich bitte, was eigentlich die 1 war. Wenn Sie das nicht mehr wissen, blättern Sie bitte kurz zurück und schauen Sie, welcher Begriff für die 1 steht. Und was war bei der 2 an der Lampe? Und bei der 3 auf dem Hocker? Bei der 4 beim Auto? Bei der 5 bei der Hand?

Ist es nicht faszinierend, dass Sie bei der 5 sofort sagen: »Klar, in der Hand halte ich den Zucker!« Beim Würfel, was sagen Sie da? Durch den Trick, dass ich noch sagte, dass ich die Dosierung des Mehls mit dem Würfel gut hinbekomme, entstand eine interessante und merkwürdige Geschichte. Aus diesem Grund kann sich das Gehirn diese Information schließlich behalten. Die 7 Zwerge bekommen Milch. Auf der Achterbahn werfen die Leute Karotten. Die Katze hält in ihrer Pfote ein wenig Pfeffer. Das Lesezeichen der Bibel sind Pommes frites. Lesen Sie bitte nicht weiter!

Notieren Sie neben den Zahlen die entsprechenden Begriffe!

1. ....
2. ....
3. ....
4. ....
5. ....
6. ....
7. ....
8. ....
9. ....
10. ....

Es ist völlig in Ordnung, wenn Sie auch nur sieben von zehn wissen. Aber diese sieben wissen Sie präzise, Sie würden nicht auf die Idee kommen, bei 8 Kartoffeln zu sagen – das waren Karotten, die von der Achterbahn geworfen werden, und keine Kartoffeln, denn die Kartoffeln sind bei 10.

> *Sie werden also merken, dass Sie selbstsicher werden, wenn Sie etwas wissen, und wenn Sie etwas nicht wissen, dann werden Sie zumindest wissen, wo Sie etwas nicht wissen.*

Von Fußball bis Ritter

Gehen wir zur 11, nämlich zum Fußball. Hier war der entsprechende Begriff Batterien für die Waage. Deshalb stelle ich mir einen Torwart vor, der im Tor eine Waage montiert hat, damit er weiß, ob er leicht genug ist für das Spiel.

Oder 12, der Geist. Da stelle ich mir tatsächlich einen Geist vor. Dieser versucht, sich nachts auf Schreibpapier seine Gedanken aufzuschreiben.

Oder 13, der Fahrstuhl. Hier stehe ich im Fahrstuhl neben jemandem, der eine Schüssel Broccoli vertilgt.

Und 14, am Valentinstag, an dem es herzlich zugeht, da kaufe ich, weil ich ein Herz für Mathematik habe, ein Buch über Mathematik.

Und 15, wenn ich an den Ritter denke, dann stelle ich mir vor, dass mein Ritter mit dem Auto in die Werkstatt fährt, um sich beim Kundendienst anzumelden. Jetzt kann ich natürlich wieder zum Fußballspieler zurückspringen. Mir kommt relativ schnell in den Sinn, dass der Fußballspieler eine Waage hat. Das wiederum löst in meinem Gehirn die Idee aus: Gehe eine Batterie für die Waage kaufen!

Wie ich leicht Verknüpfungen erstelle

Sie werden feststellen, dass Ihr Gehirn ziemlich genau weiß, dass Sie neue Batterien kaufen müssen, statt einer neuen Waage. Wenn ich den Geist anschaue, dann erinnere ich mich: Er ist mit Schreibpapier unterwegs. Diese Information kommt mir sofort in den Sinn! Ich stehe im Fahrstuhl und höre jemanden neben mir sagen: »Es riecht nach Broccoli!« Oder ich sehe den Broccoliesser sogar und höre den Klang der Gabel, die an die Schlüssel schlägt.

Es ist also ganz egal, welche Gefühle in Ihrem Gehirn abgerufen werden, die Gefühle können Sie so entgegennehmen, wie sie kommen.

Bei 14 sind wir herzlich, ich gehe dann sofort ein Buch über Mathematik kaufen, weil ich ein Herz für Mathematik habe. Der Ritter fährt mit dem Auto in die Werkstatt, um sich für einen Kundendienst anzumelden. Wenn ich jetzt zurückspringe und frage: »Was war eigentlich bei der 7?« Dann sagen Sie: »Moment ... 7 Zwerge!« Und dann erinnern Sie sich, dass diese ja die Milch von Schneewittchen bekommen. Oder wenn ich sage: »3«! Dann sagen Sie: »Auf dem Hocker liegt der Fisch!« Und das können Sie auch noch Stunden später! Wie lange diese Technik hält und was Sie tun müssen, damit diese Information ins Langzeitgedächtnis geschoben wird, das erkläre ich in einem späteren Kapitel.

Von Teenager bis Schlafzimmer

Okay, und nun die 16 Teenager! Sie sehen 16 Teenager, die ein gelesenes Buch zurück in die Bibliothek bringen.

Die 17 assoziieren Sie mit einem Kartenspiel und essen nebenbei Frischkäse aus Frankreich.

Bei der 18 können Sie sagen: »Ich fahre nach Hause, weil ich ein Cabriolet habe und die Sonne genießen möchte. Dafür trage ich mir etwas Sonnencreme im Gesicht auf.«

Bei der 19 bringen Sie Ihrer Frau oder Ihrem Mann einen Blumenstrauß mit nach Hause, weil sie oder er gekocht hat.

Dann gehen wir weiter zur 20, also ins Schlafzimmer. Spannenderweise steht dort neben der Türe eine kleine Tankstelle, damit ich Energie tanken kann, wenn ich schlafen gehe. Was für eine Geschichte!

Sie können jetzt gedanklich zurückspringen und im Fahrstuhl bei der 13 landen, weswegen Ihr Gehirn Broccoli sagt. Ich erwähne die 9, also die Katze, und Ihr Gehirn sagt Pfeffer, weil die Katze auf der Pfote Pfeffer hat, das Gesicht verzieht und Ihr Fell sträubt. Wenn ich 19 sage und beim Abendessen sitze, dann bringen Sie Ihrem Partner oder Ihrer Partnerin Blumen mit. Weiter oben haben Sie schon die Begriffe 1–10 notiert, vervollständigen Sie die Nummern 11–20 mit ihren Bildern.

Dann werden Sie feststellen, dass Sie die ganze Liste wirklich aufschreiben und sogar mit geschlossenen Augen rückwärts aufsagen können.

Also, los geht's! Schreiben Sie sie auf, die zehn letzten Wörter!

Notieren Sie neben den Zahlen die entsprechenden Wörter!

11 ....

12 ....

13 ....

14 ....

15 ....

16 ....

17 ....

18 ....

19 ....

20 ....

Die Hunderterliste – sich 100 Sachen merken

Jetzt möchte ich Ihnen noch eine Grafik mitgeben, welche das Briefkastensystem veranschaulicht. Zu dieser Grafik gibt es eine kleine Geschichte. Im Verlauf meines Lebens habe ich spannende Menschen kennengelernt, wobei ich auch oft mutig bin und Menschen anspreche. Wenn mir im Zug jemand vis-a-vis sitzt, kann ich kaum umhin, mit ihm oder mit ihr ins Gespräch zu kommen. Es interessiert mich sehr, was mein Gegenüber macht, und wenn ich gefragt werde, was ich so tue, dann erzähle ich von meiner Tätigkeit als Gedächtnistrainer. Auf diese Weise lernte ich schließlich einen Mann kennen, der Klaus Voormann heißt, ein berühmter Grafiker und Musiker. Ein erstes Mal getroffen habe ich ihn 1998 auf dem Beatles-Festival in Liverpool, wo er sein neuestes Buch signiert hat.

Im Laufe eines Gesprächs erfuhr ich dann, dass er Schwierigkeiten damit hatte, sich Namen und Zahlen zu merken. Aus diesem Grund traf ich ihn einige Monate später und stellte ihm meine Technik vor. Er hatte sehr viel Freude daran, vor allem, weil er sich plötzlich eine zwanzigstellige Zahl einprägen konnte. Daraufhin sind wir Freunde geworden. Klaus Voormann spielte beispielsweise den Bass in John Lennons »Imagine«. Er ist auf den meisten Soloalben er einzelnen Beatles-Mitglieder zu hören, war aber auch an dem Beatles-Album »Revolver« beteiligt. Für diese LP gestaltete er nämlich das berühmte Plattencover. Er stand den Beatles sehr nahe. Und das bereits zu der Zeit, als sie noch unbekannt waren und auf der Reeperbahn auftraten. Damals freundete sich Klaus mit George Harrison und mit John Lennon an. Als großer Beatles-Fan freue ich mich natürlich sehr über diese Verbindung. Ich freue mich aber auch darüber, dass Klaus meine Hunderterliste grafisch umgesetzt hat.

Wenn an dieser Stelle Ihr Interesse an Klaus Voormann geweckt wurde, dann googeln Sie ihn doch einfach einmal.

Sie werden sicher viel Freude an seinen Zeichnungen und seiner Musik haben!

Kehren wir aber nun zu unserem Thema zurück. In diesem Kapitel konnten wir feststellen, dass eine gewisse Logik dazu verhelfen kann, Daten im Kopf nummeriert abzulegen und abzurufen. Es ist zwar schön, diese Methode zu erfahren, aber Sie müssen öfters üben, damit Sie die Technik ein Leben lang beherrschen!

An der Universität in Zürich und St. Gallen habe ich getestet, wie oft ich eine Übung zeigen muss, bis sie verinnerlicht werden kann und bis die Probanden meine Hilfe nicht mehr brauchen. Als es so weit war, konnte ich sagen: »Okay, liebe Studentinnen und Studenten, jetzt könnt Ihr alleine weiterüben, ihr braucht meine Hilfe nicht mehr.« Ich konnte ihnen nur noch einen Lernstoff vorlegen und sagen: »Schreibt mir von diesem Lernstoff eine Zusammenfassung. Und dann wisst ihr auch, wie man diese auswendiglernt.« Insgesamt wusste ich dann, dass man maximal 20–30 Übungen benötigt, bis man die Technik beherrscht. Deshalb möchte ich Ihnen in diesem Buch etwa 20 Übungen mit auf den Weg geben, damit auch Sie zu Hause alleine weitertrainieren können!

Natürlich müssen die Listen, die wir benötigen, über die Zahl 20 hinausgehen. Dafür wäre die erwähnte 100er-Liste nützlich. Leider ist dieses Buch nicht geeignet, diese intensiv zu lernen. Aber es gibt entsprechende Videos von Megamemory. Machen sie damit einfach weiter!

Eine kleine Anmerkung muss ich noch zu den Witzen von Eckart von Hirschhausen und Guido Cantz machen: Nachdem mich meine Frau gefragt hatte, an wie viele Witze ich mich noch erinnern kann und ich nur vier wusste, habe ich die CD nochmal im Auto eingelegt und sie mir wiederholt angehört. Ich bin von Basel nach Innsbruck zu Swarovski gefahren, weil ich dort ein Seminar hatte. Auf dieser mehrstündigen Fahrt habe ich mir dann tatsächlich alle Witze gemerkt, die ich spannend fand.

Das ist jetzt acht Jahre her, aber ich kann von den 60 Witzen, die ich mir gemerkt habe, mindestens noch 40 abrufen.

Das ist nach acht Jahren schon eine ziemlich erstaunliche Sache – selbst für mich als Gedächtnistrainer.

4. Zahlen sind böse

Warum man sich die IBAN nicht merken kann

Warum können wir uns Zahlen eigentlich so schlecht merken? Das hat einen ganz einfachen Grund: Zahlen sind abstrakt und uns fehlt die Strategie, richtig mit dem arithmetischen Gedächtnis umgehen zu können. Eine Zahl können wir normalerweise nicht mit einem Bild verbinden, weswegen wir uns auch nicht an Hausnummern, Telefonnummern oder Pinnummern erinnern können. Das Zahlengedächtnis will also trainiert sein!

Deswegen bastelt sich jeder seinen eigenen Weg, um sich Zahlen einzuprägen: Der eine hört eine Zahl und kann sie sich irgendwie merken, der andere geht über den Klang, während jemand anders sich vielleicht sagt: »Ich schaue mir das Schriftbild an und kann dieses dann abrufen. Oder ich höre mir den Rhythmus an, in welchem man die Zahl spricht.«

Ich kannte mal jemanden, der zu mir sagte: »Ich kann Farben sehen für Zahlen!« Das heißt, für die 5 sah er Hellblau und für die 7 Orange. Diese Begabung haben tatsächlich gewisse Menschen, allerdings nur ganz wenige. Für diese Menschen funktioniert der Trick – sie können ihn aber leider niemandem beibringen. Man kann auch den Trick anwenden, dass man innerhalb einer Zahl eine Rechnung imaginiert. All diese Strategien sind aber von lediglich dürftigem Erfolg, außer wenn Sie das Glück haben, ein perfektes visuelles Gedächtnis zu besitzen. Dann sehen Sie eine Zahl auch mit geschlossenen Augen oder so wie der Herr, der Farben erkennen kann. Welche Methode aber funktioniert denn tatsächlich für alle?

Wie aus Zahlen Geschichten werden

Es ist eigentlich relativ einfach: Wir müssen Zahlen – wenn es geht zweistellige Zahlen – in Form von Bildern sehen können, denn wenn wir Bilder für Zahlen haben, kann das Gehirn eine Geschichte daraus machen – ähnlich wie bei den neun Hölzern der venezianischen Gondel. Das hat deshalb funktioniert, weil wir für jedes Holz ein entsprechendes Bild hatten.

> *Die Frage lautet nun, woher wir uns die Bilder für die Zahlen nehmen sollen. Hierfür habe ich eine Hunderter-Liste entwickelt, die schnell lernbar ist.*

Früher verwendete man statt Zahlen Buchstaben, wobei diese Methode schon vor 300 Jahren beschrieben wurde. Legt man beispielsweise eine 3 auf den Rücken, dann sieht sie aus wie ein w oder umgekehrt wie ein kleines m. Die 5 sieht aus wie ein S, weswegen man sich aus der 35 das Bild WS erschaffen könnte.

Daraus muss man anschließend eine Antwort generieren wie Wollsocken, Wasserschlange, Windschutzscheibe. Das funktioniert tatsächlich gut, doch jetzt kommt das große Aber: Ich habe diesen Weg mit 1.000 Studentinnen und Studenten getestet und festgestellt, dass 95 Prozent aus der Übung ausgestiegen sind. Bemüht habe ich mich, die Technik anschaulich zu erklären, aber sie war einfach zu kompliziert. Die fünf Prozent, die erfolgreich waren, brauchten Wochen, bis sie diese Methode beherrschten. Das war mir einfach zu umständlich, also habe ich mir überlegt, welche Wege es sonst noch geben könnte. Bis zur Zahl 20 verwenden alle Bücher über Gedächtnistraining mehr oder weniger denselben Ansatz.

> *Man macht aus den Zahlen Bilder, so wie in unserer Baumliste.*

Sie kennen die Bilder von der Baumliste jetzt und haben die ersten 20 Zahlen – die Ziffern sind ja zweistellig. Sie haben von 01, 02, 03 bis 20 ein Bild. Warum die Zahlen übrigens zweistellig sein müssen, werde ich Ihnen nachher erklären!

Also haben Sie von diesen hundert Bildern – es gibt 100 zweistellige Zahlen – tatsächlich die ersten 20 Prozent schon sicher. In diesem Kapitel werde ich noch einen Schritt weitergehen, damit Sie tatsächlich 30 Bilder haben. Die Zahlen von 20–30 werde ich Ihnen auch noch beibringen, dann können wir ein wenig damit spielen. Es hat mich zehn Jahre Zeit gekostet und Tausende von Tests und Interviews, bis ich den optimalen Weg gefunden hatte, wie man solch eine Liste lernt. Klaus Voormann hat mir dann noch eine fantastische Illustration dazu gebaut, die gerade den visuellen Menschen weiterhilft. Das, was wir im Kopf haben, würden würden wir nämlich auch gerne sehen!

Zahlenpaare

Warum muss eine Zahl also zweistellig sein? Ganz einfach: Es ist sehr hilfreich. Als meine Bianca etwa sechseinhalb oder sieben Jahre alt war – das war 1992 im Sommer – sagte sie zu mir: »Papa, gib mir doch unsere Telefonnummer, dann kann ich anrufen, wenn ich ein Problem habe!« Das war keine dumme Aussage für eine so junge Dame. Deshalb habe ich die Nummer aufgeschrieben: 7671774.

Sie schaute einen Moment auf diese Zahlen und sagte: »Eigentlich ist das eine ganz einfache Nummer.« Ich fragte: »Wie meinst du das?« Sie sagte: »Schau doch hin, 767 – ein Zwerg würfelt mit einem anderen Zwerg.« Mit einem schelmischen Grinsen fügte sie hinzu: »Ja, und bei der 17, da steht hinten noch ein Baum, auf dem noch ein Zwerg sitzt.« Sie sah also: Ein Zwerg würfelt mit einem anderen Zwerg – 767, und hinten war ein Baum mit einem dritten Zwerg – 17. »Und hinten fährt noch ein Zwerg mit einem Auto vorbei«, sagte sie ganz locker, also 74. Für sie war das so einfach wie Pokémon. Ich weiß nicht, ob Sie sich noch an Pokémon erinnern. Hier musste man mehrere 1.000 Bilder mit völlig schrägen Funktionen und Namen lernen. Und die Kinder konnten das einfach!

Dann ging ich an die Universität Zürich und testete, ob die Studenten das auch so cool finden würden wie ich.

Ich muss dazu sagen, dass ich den Test erst drei Monate später durchgeführt habe, nämlich dann, als ich bemerkte, dass meine Tochter immer noch mit Zahlen spielte.

Sie konnte sicherlich 30–40 Telefonnummern auswendig!

Zahlen mit Fantasie bändigen

Ich dachte: »Jetzt will ich's wissen! Wie reagieren Studenten und Studentinnen, wenn ich diese Methode präsentiere?« Das Resultat war ernüchternd. Nach dem zehnten Zahlenbeispiel wurden die 50–60 Leute, die im Saal saßen, unruhig. Einmal rief ein Student in der hinteren Reihe: »Herr Staub, ich habe ein Problem! Ich weiß nicht mehr, welcher Zwerg mit welchem Würfel gegen welchen Baum fährt!« Der Saal tobte vor Lachen, aber es wurde mir klar:

»Aha, wenn ich nur einstellige Ziffernbilder habe, wiederholen sich die Geschichten, da ich dann dauernd nur zehn Varianten zur Verfügung habe.«

Dadurch wusste ich: »Ich brauche zweistellige Zahlen, damit ich hundert verschiedene Bilder bekomme und damit die Chance, dass sich die Geschichten wiederholen, extrem klein wird.« Ich war nur nicht zufrieden mit der Technik, wie man mit Buchstaben Zahlenbilder generiert, weil die Studenten sagten: »Ich komme damit nicht klar.« Wenn nur fünf Prozent erfolgreich waren, dann war mir das entschieden zu wenig. Also überlegte ich, was es denn noch für Möglichkeiten gab. Schließlich kam ich auf eine Idee.

Es gibt eine Technik, wie sich die alten Griechen und die alten Römer Informationen merken konnten: Man füllt Räume oder Tempel mit Gedanken. Darum heißt es in der Literatur Tempeltechnik oder Locitechnik, also für Locus, der Ort. Ich kam dann auf die Idee, dass man die Räume dazu verwenden könnte, sich Zahlen zu merken. Im Nachhinein scheine ich der erste Mensch gewesen zu sein, der dieses System so bis zum Ende konsequent durchdacht hat.

> *Dies führte zu dem Resultat, dass ich heutzutage allen Interessierten innerhalb von 3–4 Stunden beibringen kann, wie man sich hundertstellige Zahlen ganz einfach einprägt.*

Man muss es nur wollen und ich muss hierfür die richtige Anleitung bieten! Wenn Sie dazu noch nicht bereit sind, dann blättern Sie bitte im Buch zurück und üben nochmal die Baumliste bis zur 20!

Für alle anderen: Legen wir los mit einer weiteren Praxisübung! Ich gehe davon aus, dass Sie wissen, dass 15 ein Ritter ist, 12 ein Geist, 10 die Bibel, 6 ein Würfel, 4 ein Auto ... Zusätzlich werde ich Ihnen noch weitere zehn Bilder liefern, damit Sie sehen, wie die Hunderterliste weitergeht. Dieses Buch bietet zu wenig Platz, um die vollständige Hunderterliste darzustellen, aber vielleicht entscheiden Sie sich ja nach dem Lesen dieses Buches dazu, noch weiterüben zu wollen. Was Sie dafür tun können, habe ich ja schon beschrieben. Dann erhalten Sie noch viele weitere Übungen und werden die vollständige Hunderterliste kennenlernen. Jetzt werden Sie aber erst einmal feststellen: Das alles ist gar nicht so schwierig!

Das Schlafzimmer

Die Zimmer habe ich schon mit Ihnen gelernt, insofern wissen Sie bereits: Das erste Zimmer ist das Schlafzimmer, deshalb ist die 20 ein Schlafzimmer. Von daher möchte ich jetzt den Inhalt des Schlafzimmers mit Ihnen lernen. Achten Sie darauf, wie wenig Zeit Sie brauchen, um den Inhalt wirklich zu können!

Zahlen, die mit einer 0 enden, stehen wie gesagt immer für einen Raum: 20 ist das Schlafzimmer, 30 das Bad, 40 die Küche, 50 das Wohnzimmer, 60 der Garten, 70 das Büro, 80 die Garage, in der das Auto steht, und 90 ist das Fitnesscenter, in dem ich den Körper trainiere.

Es geht los mit dem ersten Punkt: Der größte und markanteste Gegenstand im Schlafzimmer ist logischerweise das Bett. Das Zahlenbild für 21 ist also das Bett, 22 ein Kopfkissen, 23 eine Bettdecke und 24 das Nachttischchen daneben, und 25 steht für den Wecker, der auf dem Nachttischchen liegt. Den Wecker werfe ich morgens mit der Hand zu Boden. Wie komme ich auf diesen Gedanken? Weil die Hand 5 Finger hat. Somit steht die Zahl 25 für diesen Wecker!

Weiter geht es mit 26, das Buch, das auf dem Nachttisch liegt. 27 ist der Vorhang, hinter dem sich die 7 Zwerge verstecken. Sie merken, die 5 und die 7 werde ich in Gedanken immer markieren. So bin ich immer sicher: 25 ist der Wecker und 27 der Vorhang. 28 ist ein Kleiderschrank vis-a-vis vom Bett, 29 ein kleiner Teddybär, der auf dem Schrank sitzt, 30 wäre dann – was Sie bereits wissen – das Badezimmer.

Jetzt würde ich vorschlagen: Lesen Sie nochmal diesen Teil mit den 10 Punkten im Schlafzimmer durch. Dann versuchen Sie nicht nur die Zahlen ab 20, also Bett, Kopfkissen, Bettdecke usw. zu notieren, sondern notieren Sie auch noch einmal die gesamte Baumliste von 01–20. Wenn Sie alle 30 Bilder vor sich auf dem Blatt stehen haben, machen Sie weiter im Buch! Wenn Sie unsicher sind, nehmen Sie sich zunächst ein Schmierblatt.

Vom Baum bis zum Badezimmer

1 ....

2 ....

3 ....

4 ....

5 ....

6 ....

7 ....

8 ....

9 ....

10 ....

11 ....

12 ....

13 ....

14 ....

15 ....

16 ....

17 ....

18 ....

19 ....

20 ....

21 ....

22 ....

23 ....

24 ....

25 ....

26 ....

27 ....

28 ....

29 ....

30 ....

Wunderbar! Jetzt kann ich aus den 30 Bildern, die wir kennen, beliebige Zahlen herausnehmen und mit Ihnen lernen. Ich sage jetzt mal 30, dann kommt die Zahl 14, dann die Zahl 05 und die Zahl 12, dann die 01 und dann gibt es noch eine 09, eine 13, eine 22 und vielleicht noch eine 25 und am Ende die 11.

30 14 05 12 01 09 13 22 25 11 – so, das wäre also eine zwanzigstellige Zahl! Wenn Sie diese Zahl ohne eine entsprechende Technik lernen wollten, wäre das in einer vernünftigen Zeitspanne gar nicht möglich. Sie wissen aber: 30 ist ein Badezimmer, 14 ein Herz, 05 die Hand, 12 ein Geist, 01 ein Baum, 09 die Katze, 13 ein Fahrstuhl, 22 ein Kopfkissen, 25 ein Wecker und 11 ein Fußball. Wenn Sie diese Bilder kennen – und es wäre natürlich das mittelfristige Ziel, dass Sie die gesamte Hunderterliste können – dann können Sie aus diesen Bildern eine Geschichte bauen.

Übrigens ist diese Zahl für mich, jetzt gerade, wo ich diesen Text hier schreibe, genauso neu wie für Sie. Das heißt, ich lerne die Zahl jetzt quasi mit Ihnen zusammen auswendig!

Ich sehe ein Badezimmer und auf der Türe klebt ein Herz. Dieses habe ich mit meiner Hand angeklebt. Jetzt habe ich die ersten 6 Ziffern schon drauf, denn ich weiß: Es handelt sich um die 30 14 05.

Jetzt kann ich Ihnen bereits die ganze Geschichte zumuten. Also weiter!

Geschichte von einer zwanzigstelligen Ziffernfolge

Ich sehe im Badezimmer ein Herz an der Tür, welches ich mit meiner Hand angeklebt habe. Im Bad befindet sich ein Geist, der auf einen Baum klettert, auf welchem eine Katze sitzt, die mit dem Fahrstuhl nach unten fährt. Unten angelangt, springt sie aus dem Fahrstuhl heraus und mitten auf ein Kopfkissen. Plötzlich beginnt der Wecker zu klingeln und die Katze weiß: »Jetzt muss ich Fußballspielen gehen!«

Diese Geschichte ist für das Gehirn natürlich dramatisch einfach zu lernen! Viel schwieriger wäre es, wenn ich versuchte, mir den Klang dieser Zahl zu merken oder das Schriftbild. Das ist praktisch unmöglich! Dagegen ist es einfach, sich ein Badezimmer vorzustellen, an dessen Tür ich mit meiner Hand ein Herz draufgeklebt habe. Darin klettert ein Geist auf einen Baum, auf dem eine Katze sitzt. Jene Katze fährt mit dem Fahrstuhl nach unten, springt auf ein Kopfkissen. Und als dann der Wecker klingelt, weiß sie: »Jetzt muss ich zum Fußballspielen!«

Das funktioniert also!

Schlagen Sie bitte das Buch kurz zu und schauen Sie in Ihrem Kopf nach, wie weit Sie die Geschichte schon können. Nehmen Sie sich Ihren Stift und schreiben Sie dann die entsprechenden Zahlen auf. Sie wissen: Sie haben fünf Chancen! Es macht keinen Sinn, wenn Sie sich ärgern, auch wenn Sie nur die Hälfte der Zahlen richtig haben, ist es einfach genial. Starten Sie also den Versuch und lesen Sie erst anschließend weiter:

Notieren Sie hier die Lösung:

1. Versuch: ....

2. Versuch: ....

3. Versuch: ....

4. Versuch: ....

5. Versuch: ....

Großartig!

Sie werden jetzt wahrscheinlich merken: »Stimmt, wenn ich Zahlen in Bilder verwandeln kann, dann funktioniert die Methode besser!«

Den Rest der Hunderterliste sollten Sie jedoch auch noch lernen. Wenn Sie sich dazu bereitfühlen, dann schreiben Sie mir einfach eine E-Mail und verraten mir darin Ihre Beweggründe dafür, weiterlernen zu wollen. Für einige Menschen wird sicher die alleinige Motivation darin bestehen, sich zum ersten Mal im Leben eine große Zahl merken zu können.

Sie können zwar die 31 – das ist die Badewanne – noch nicht, was Sie aber jetzt können: Sie können sich jetzt wahnsinnig gut Geburtstage merken! Zu diesem Thema werde ich allerdings erst dann kommen, wenn ich darüber rede, wie man sich Namen und Gesichter merkt. Dann werde ich den Namen mit dem Geburtstag verknüpfen. So schnell möchte ich Sie hier nämlich noch nicht von der Angel lassen!

Jetzt sind Sie dran!

Ich möchte Sie noch mehrfach dazu motivieren, eine eigene Geschichte zu erfinden. Deshalb nenne ich Ihnen jetzt eine Zahl aus den Ziffern 01–30. Sie werden sich dann aus dieser Zahl eine kleine Geschichte basteln, bevor Sie weiterlesen. Auch wenn Sie noch nicht erfolgreich waren, lesen Sie einfach im Buch weiter. Ich gebe Ihnen dann einen Vorschlag meinerseits, aber eigentlich wäre das Ziel, dass Sie selbst eine Geschichte erfinden können, denn die Zahlenbilder sollten Sie eigentlich schon kennen.

Übertragen Sie die Zahl 21 27 15 04 23 in eine Geschichte!

....

....

....

....

....

....

....

....

....

....

Und, hat es funktioniert? Die meisten werden jetzt sagen: »So schwer war das jetzt auch nicht!« Einige werden aber merken, dass man sich selbst einen Schubs geben muss, es einfach zu tun. Natürlich braucht man auch seinen Werkzeugkasten und muss wissen, dass 21 das Bett, 27 der Vorhang, 15 der Ritter, 04 das Auto, 23 die Bettdecke bedeutet.

Wissen Sie, worin der einfache Unterschied besteht zwischen den Menschen, die erfolgreich mit dieser Technik umgehen, und denen, die es nicht können? Erfolgreiche Menschen haben einfach begonnen, ohne zu diskutieren oder die Übung aufzuschieben! Erfolg hat drei Buchstaben: **T–U–N!**

Wenn Sie eine Lösungsskizze wünschen, würde ich einfach mit dem ersten Bild starten: Ich sehe also ein Bett, dann sehe ich die 27. Vom Bett aus sehe ich den Vorhang dort drüben. Und wer steht hinter dem Vorhang? Der Ritter! Der Ritter fährt dann weg mit einem Auto. Er hat eine Bettdecke dabei, damit er es warm hat. Und jetzt habe ich doch schon die Zahl! Beginnen Sie am Anfang und erweitern Sie dann die Geschichte! Betrachten Sie den Prozess des Geschichtenerzählens als einen Marathon, denn da nehmen Sie doch auch einen Meter nach dem anderen! Gut, und jetzt kommt noch eine letzte Zahl.

Übertragen Sie auch die Zahl 09 17 19 29 10 in eine Geschichte!

....

....

....

....

....

....

....

....

....

Haben Sie schon eine Geschichte aus der Katze, den Spielkarten, dem Abendessen, dem Teddybären und der Bibel gebastelt? Testen Sie, ob Sie eine weitere Geschichte erfinden können! Dadurch werden Sie lernen, wie vielfältig und fast unendlich die Kombinationsmöglichkeiten sind. Ich möchte Sie aber keineswegs verwirren. Wenn Sie das irritieren würde, dann lassen Sie diese Doppelbelegung aus und schauen sich direkt meine Fassung kurz an.

Meine Geschichte lautet wie folgt: Eine Katze spielt mit Spielkarten und isst dabei ihr Abendbrot. Wer sitzt auch noch am Tisch? Ein Teddybär, der die Bibel liest!

Sie können sich jetzt auch eine dreißigstellige Zahl notieren, bei der einige Zahlen doppelt vorkommen und dann selbst eine Geschichte erfinden. Wenn Sie die Telefonnummer eines anderen Menschen lernen müssen, Sie aber erst bei der Zahl 30 angekommen sind, dann sind Sie hier noch dazu gezwungen, mit dem Ziffernbild zu arbeiten. Aber Sie haben jetzt schon die beste Basis, um sich Zahlen mit beliebig vielen Stellen nachhaltig einzuprägen!

5. Wie war nochmal Ihr Name?

Das Problem mit dem Personengedächtnis

Das Baker-Paradox beschreibt die Fähigkeit des menschlichen Gehirns, sich anschauliche Geschichten und Berufe besser merken zu können als abstrakte Begriffe. In einem Test wurde einer Gruppe das Bild einer Person vorgelegt, die den Nachnamen Baker trug. Einer zweiten Gruppe zeigte man dasselbe Bild und gab an, dass die Person Bäcker von Beruf sei. Die zweite Gruppe konnte sich danach tatsächlich relativ gut daran erinnern, dass die Person auf dem Bild Bäcker von Beruf ist. Die erste Gruppe konnte sich hingegen wesentlich schlechter daran erinnern, dass die Person auf dem Bild Baker mit Nachnamen hieß. Wie aber lässt sich nun unser Gedächtnis so trainieren, dass wir uns besser an Namen erinnern und diese mit einem Gesicht verknüpfen können? Hierfür schauen wir uns am besten eine weitere Übung an!

Für diese Übung möchte ich Ihnen gleich neun Gesichter zeigen. Zunächst überlegen wir uns aber eine Strategie, denn die Herausforderung lautet: »Wenn ich für die Namen Bilder erzeuge, wo lege ich diese dann bei den jeweiligen Gesichtern ab?«

Wenn Sie zum Beispiel die 15 sehen, kommen Sie auf den Gedanken: »Ich sehe einen Ritter, der das Auto zum Kundendienst bringen soll und einen Geist, der Schreibpapier kauft.« Sie erinnern sich, dass das die Einkaufsliste war, die Sie im Kopf perfekt abrufen können, weil Sie wissen, wo die Daten liegen. Es macht allerdings wenig Sinn, die neun Namen auf einer Liste abzulegen, weil Sie diese ja auch abrufen wollen, wenn Sie in einer anderen Reihenfolge auftauchen.

Andererseits könnte es durchaus spannend sein, eine derartige Liste im Kopf zu haben, wenn man alle Namen auswendig wissen möchte. Wenn Sie Lehrerin sind oder Lehrer, dann macht diese Methode durchaus Sinn – dann können Sie sich einprägen, auf welchem Platz Ihre Schüler sitzen. Aber dieser Weg ist irgendwie nicht wirklich praktikabel, weil die Kinder sich in der Pause in einer anderen Reihenfolge auf dem Pausenhof vermischen. Wenn Sie jedoch eine Sitzung mit zwanzig außergewöhnlich wichtigen Leuten haben, ist es durchaus sinnvoll, wenn Ihnen eine Liste zur Verfügung steht. Am besten wäre es natürlich, wenn Sie ein Foto von der Gruppe machen und anhand dieses Fotos die Namen wiederholen.

Später werden wir auch noch zur Thematik kommen, wie Sie die Daten in Ihrem Langzeitgedächtnis abspeichern können – gerade bei Namen ist das besonders sinnvoll.

Symbole und Klangbilder

Kommen wir zurück zu unseren neun Gesichtern! Ich werde jetzt bei jedem Gesicht einen Punkt visualisieren, den Sie sofort identifizieren können! Dann haben Sie neun Punkte, auf die Sie sich fokussieren können, um den entsprechenden Namen abzulegen.

Der nächste Schritt wäre dann, eine Verbindung herzustellen. Das funktioniert so wie bei der venezianischen Gondel: Wenn ich die Stadt Ulm sehe, ist das noch nicht das Holz vor meinem inneren Auge, sondern ein Klangbild für die Ulme. Lächeln war das Klangbild für Lärche. Bei Namen mache ich das in der Regel genauso. Ich habe immer zwei Möglichkeiten: 1. Ich kann Namen als Symbol darstellen: Zum Beispiel kann ich Königin Elizabeth als Symbol nehmen für den Namen Elisabeth oder Michael Schumacher für den Namen Michael. 2. Ich kann aber auch Klangbilder verwenden. Das werde ich Ihnen nicht theoretisch erklären, sondern wir werden dies anhand der neun Gesichter erleben. Ehe wir fortfahren, kommt aber als kleiner Einschub noch eine Anekdote, die ebenfalls mit dem Namensgedächtnis zu tun hat und uns eine dritte Option eröffnet. Dann endlich stürzen wir uns auf die neun Gesichter!

Bei Frank Elstner

Ich war in eine Fernsehsendung mit Frank Elstner eingeladen, die »Menschen der Woche« hieß und jeden Samstagabend nach 22.00 Uhr ausgestrahlt wurde. Es war spannend für mich, dort über mein Gedächtnistraining zu sprechen.

> *Als ich dann vis-a-vis von Frank Elstner saß, bemerkte ich, dass er, sobald er etwas über mich sagte, vom Teleprompter ablesen musste.*

Der Teleprompter ist so positioniert, dass Sie das Gerät als Zuschauer nicht sehen, aber ich sah es natürlich, weil Frank Elstners Augen dorthin wanderten. Daraufhin sagte ich zu ihm: »Ich würde Ihnen gerne ein Beispiel dafür geben, wie Gedächtnistraining funktioniert.«

Ich erzählte den 160–170 Leuten im Publikum folgende Geschichte: Ich bin ein Mann und halte in meiner Hand eine Tomate. Aus der Tomate heraus wächst ein Erikablümchen. Dann kommt der Nikolaus, schnappt sich das Blümchen und geht damit Golf spielen. Nachdem er eingelocht hat, zieht er vor Freude eine Ziehharmonika. Aufgrund der Musik fährt Königin Elizabeth mit dem Ferrari von Michael Schumacher vor.

Schließlich fragte ich das Publikum: »Was habe ich eigentlich in der Hand?« Sofort brüllten sicherlich 60 Prozent der Anwesenden: »Tomaten!« Dann fragte ich: »Was wächst oben heraus?« Schon etwas mehr als 60 Prozent des Publikums rief dann: »Ein Erikablümchen!« Ich fragte: »Wer nimmt das Blümchen?« Beinahe alle riefen: »Der Nikolaus!« Danach: »Was gehen wir spielen?« – »Golf!« Es wurde immer lauter, weil alle bemerkten, dass die Methode wirklich funktionierte. »Nachdem er eingelocht hat, zieht er eine ...?« – »Ziehharmonika!«, brüllten die Leute. »Wer kommt aufgrund der Musik?« – »Königin Elizabeth!« Und schließlich: »Mit wem kommt sie zurück?« – »Mit dem Ferrari von Michael Schumacher!« Dann sagte ich zu Frank Elstner: »Die Leute haben jetzt in zwei Minuten in Geburtsreihenfolge die sechs Kinder von Nobelpreisträger Thomas Mann kennengelernt!«

Familie Mann

Tomate – Thomas Mann

Erika – die älteste Tochter

Der Nikolaus – Klaus Mann

Der geht **Go**lf spielen und **lo**cht ein – Golo Mann

Er zieht eine Ziehharmonika – Monika Mann

Dann kommt die Königin Elizabeth – Elisabeth Mann

Sie fährt mit dem Ferrari von Michael Schumacher – Michael Mann

Keine Angst vor Einstellungsgesprächen!

Es war schön zu sehen, wie sich Frank Elstners Gesicht plötzlich erhellte. Er sagte: »Das hat ja richtig Spaß gemacht!« Und am Schluss hat er nicht einfach Tschüss gesagt, sondern mich vor laufender Kamera umarmt. Das war wirklich ein Highlight für mich! Es gab gute Presse und viele Meldungen im Internet. Aufgrund dieser Sendung führte ich dann später auch ein Telefonat mit dem Schulungsleiter einer großen Firma in der Nähe von Karlsruhe.

Er sagte zu mir: »Wissen Sie, ich habe pro Jahr 6–7 Lehrstellen in meiner Abteilung zu besetzen und wollte Ihnen eine Geschichte erzählen. Gestern habe ich nämlich einen Menschen wegen Ihnen eingestellt.« Ich fragte erstaunt: »Wie meinen Sie das jetzt?« Er antwortete: »Der Junge hat Eltern, die Sie bei Frank Elstner gesehen haben.« Offenbar hatte der Junge eine CD mit meinem Gedächtnistraining bekommen und sagte zu dem Schulungsleiter: »Ich weiß, dass Sie nur 6–7 Lehrstellen besetzten, aber wahnsinnig viele Bewerber haben. Ich möchte Ihnen deshalb einen Grund liefern, weshalb Sie mich einstellen sollten und keinen anderen.« Der Junge forderte den Schulungsleiter dazu auf, sich ein Blatt Papier zu nehmen und die Nummern 1–20 mit einem jeweils beliebigen Wort zu notieren. Die Liste sollte er dann einmal langsam vorlesen. Der Schulungsleiter verriet mir, dass er das gemacht habe und tatsächlich hätte der Junge die 20 Wörter am Ende auswendig gewusst: vorwärts, rückwärts und nummeriert. Der Junge sagte dann: »Wenn Sie mich einstellen, verrate ich Ihnen, wie die Methode funktioniert.« Es war ein Gänsehauttelefonat!

Übrigens hat sich diese Geschichte inzwischen schon unzählige Male wiederholt, weil sich bestimmt noch dreißig weitere Menschen auf diese Art und Weise einen Job ergattert haben.

> *Es ist wirklich ein mächtiges Gefühl, wenn Sie merken, dass Sie dem anderen etwas beibringen können. Aber kein langweiliges Zeug, sondern etwas, das derjenige total spannend findet und worüber er sagt: »Sowas hätte ich mir nie vorstellen können! Und wieso bekomme ich dieses Wissen jetzt einfach so geschenkt?«*

Natürlich zeigte der Junge dem Schulungsleiter dann, wie die Methode funktionierte. Sie kennen die Methode bereits von unserer Einkaufsliste!

Warum hat aber die Geschichte mit Thomas Mann so gut funktioniert? Ich habe den Namen Thomas Mann mit einer Tomate verbunden. Michael Schumacher ist das Bild für Michael Mann. Sie sehen also, dass ich zwei verschiedene Möglichkeiten habe, um mir einen Namen zu merken: Einmal kann ich mir ein Klangbild erstellen wie **Go**lf und Ein**lo**chen für Golo. Ich kann mir auch ein Symbol wie Elizabeth holen. Irgendwo in meinem Kopf muss ich lediglich auf Daten zugreifen, die ich schon besitze.

Im nächsten Kapitel geht es um die Kunst, sich Personen und Namen einzuprägen. Wir lernen, uns auf bestimmte Äußerlichkeiten eines Menschen zu konzentrieren. Klaus Voormann hat mal ein Porträt von mir gemalt, das genau diesen Ansatz verdeutlicht. Erkennen Sie mich wieder?

9 Gesichter, 9 Merkmale, 9 Namen

Schauen wir uns jetzt also gemeinsam unsere neun Gesichter an. Ich definiere jeweils einen markanten Punkt, den sich unser Gehirn gut einprägen kann.

Die erste Dame hat lange blonde Haare, die ihr weit über die rechte Schulter fallen. Die zweite Person ist ein Herr mit recht auffälligen Augenbrauen. Bei der Dame, die an dritter Stelle steht, fällt der strenge Scheitel ebenso sofort auf wie der Arm, den sie hinter den Kopf schiebt.

Sie haben wahrscheinlich sofort gemerkt, wie ich meine Auswahlkriterien und Bezugspunkte festlege: Ich wähle ein Merkmal aus, das noch aus 5–6 Meter Entfernung gut zu erkennen ist. Das kann ein auffälliger Jeanskragen sein, ein länglicher Ohrring mit 2–3 Perlen, ein rotes Kleid, eine coole Brille, volle Lippen oder ein ausgeprägtes Kinn. Wenn Sie solche markanten Punkte in Ihrem Gedächtnis abspeichern, dann kann ich Sie fragen: »Welchen Punkt habe ich bei der ersten Person anvisiert?« Dann antworten Sie mit einer Wahrscheinlichkeit von 99 Prozent: »Den Haaransatz!« Zu 99 Prozent werden Sie jetzt wissen: »Augenbrauen, Scheitel, Jeanskragen, Ohrring, rotes Kleid, Brille, Lippen, Kinn.« Und Sie werden sofort merken: Diese Methode funktioniert tatsächlich!

In meinen Seminaren lasse ich 30 Leute in einem Kreis stehen. Dann lernen wir gegenseitig unsere Namen auswendig. Nach einer Viertelstunde kann man die 30 Vornamen – es ist gar nicht schwer!

Im ersten Schritt muss man immer den Punkt definieren, der als markantes Merkmal heraussticht.

Wenn ich Sie jetzt frage: »Welches auffällige Merkmal hat die Dame, die den Arm hinter dem Kopf hält?« Dann antworten Sie: »Sie hat einen auffälligen Scheitel!« Und wenn ich Sie frage: »Wie heißt der Mann mit dem blauen Anzug und dem offenen Hemd?« Dann sehen Sie nicht auf den Anzug, dann sehen Sie auf die Lippen. Bei der Frau, die den weißen Pulli trägt und der die Haare über die Schulter fallen, werden Sie nicht an die Brille denken. Die erste Dame mit dem auffälligen Haaransatz hat ja keinen weißen Pulli an.

So, jetzt sind wir genauso weit wie bei der Baumliste. Ich weiß jetzt, wohin ich meine Gedanken ablege, wenn ich diesen neun Menschen Namen gebe, die ich nun erfinden werde: Die Frau auf dem ersten Bild – die den auffälligen Haaransatz hat – heißt Susanne. Von daher suche ich Sahne in ihren Haaren. Was glauben Sie, wie viele Vornamen es im deutschsprachigen Raum gibt, die immer wieder in Mode kommen? Wie viele es genau sind, weiß ich auch nicht, aber ich schätze, es sind weniger als 200.

Sie werden also irgendwann feststellen, dass Sie für gewisse Namen bereits Bilder haben. Renate wäre ein Reh, das eine Tomate frisst. Ein Kreuz steht für einen Mann, einen Christian. Wenn das Kreuz aus Stoff besteht, ist es ein Christoph. Ein Meer, mare, in dem eine Ananas schwimmt, ist eine Marianne. Ein Meer, um das jemand herumrennt, eine Maren. Ein Meer, in dem Tina Turner schwimmt, ist eine Martina. Irgendwann werden Sie merken, dass nur noch wenige neue Namen hinzukommen. Und wenn es dennoch neue geben sollte, werden Sie Zeit haben, sich um diese zu kümmern, weil Sie für alle anderen bereits ein Bild haben.

Der Mann mit den Augenbrauen, der mit dem Finger auf uns zeigt, heißt Hermann. Auf seiner einen Augenbraue sitzt ein Herr, auf seiner anderen Augenbraue ein Mann, das gibt zusammen Hermann. Wenn dieser Herr Herbert hieße, dann sehe ich einen Herrn mit einem Bart. Für Birgit sehe ich eine Birke und für Brigit eine Brille. Sie müssen dem Hirn eine Unterscheidungsmöglichkeit geben, wobei das Bild gar nicht so präzise sein muss, es geht auch mit relativ flüchtigen Bildern.

Das sind also Susanne und Hermann! Die Dame mit dem Scheitel heißt Maria, denn das ist der Weg nach Bethlehem. Es ist klar, dass ich hier nicht Josef sage. Die Frau mit dem Jeanskragen heißt Charlotte. Dann scharre ich an diesem Jeanskragen und finde einen Lottoschein. Die Dame mit dem Ohrring heißt Michelle – spannenderweise denke ich hier immer an die Beatles mit ihrem Lied »Michelle«, das von Paul McCartney geschrieben wurde. Jetzt kann ich mir eine LP oder CD mit einem Bild von Paul McCartney vorstellen. Wenn Sie dieses Bild aber nicht kennen, dann müssten Sie an diesen Ohrring vielleicht eine Tüte Milch dranhängen. Sie brauchen dann noch eine Schelle – so etwas Ähnliches wie eine Glocke – dann haben Sie Michelle. In diesem Fall haben Sie sich ein Klangbild erstellt, während ich mit dem Lied der Beatles ein Symbol gewählt habe. Übrigens habe ich Paul McCartney einmal kennengelernt und ihm diese Anekdote erzählt – er fand die Geschichte ziemlich witzig.

Sie haben die Wahl!

Das Mädchen mit dem roten Kleid heißt Chiling. Ihre Hand verdeckt ihre linke Seite, in der linken Hand hält sie eine rote Chili. Es gibt kein gutes oder schlechtes Bild, es gibt nur Bilder, die funktionieren oder eben nicht funktionieren. Weil Sie fünf Chancen haben, können Sie jetzt entspannt sein und sagen: »Ich darf nochmal nachfragen!« Nachher werde ich Ihnen aber noch ein paar Strategien erklären, damit es nicht allzu peinlich wird, wenn Sie ein drittes und ein viertes Mal nachfragen müssen – denn eben das wollen wir ja verhindern. Einmal können Sie immer nachfragen, aber ein drittes Mal ist definitiv unhöflich. Dann gibt es noch die Dame mit der Brille, die Monika heißt, denn ihre Brille ist eine Ziehharmonika. Sie sehen also, dass Sie dem Namen jeden beliebigen Gegenstand zuordnen können. Sie werden dann immer richtigerweise die Brille von Monika sehen, obwohl die Brille eigentlich nichts mit der Ziehharmonika zu tun hat.

Die Person mit den vollen Lippen heißt Phillipp. Immer, wenn er nachdenkt, leuchten seine Lippen wie eine Philips-Glühbirne. Der Herr mit dem Powerkinn heißt Kurt – nachts, wenn er schläft, bindet er sich einen Gurt um sein Kinn, damit er nicht schnarcht. So, jetzt habe ich alle neun Namen vergeben. Springen wir zurück zum ersten Gesicht! Mein Gehirn sagt Susanne, sobald ich den Haaransatz sehe. Die Augenbrauen müssen zu Hermann gehören, bei Maria sehe ich dann sofort den Scheitel. Beim Jeanskragen denke ich an Charlotte. Wenn ich zwischendrin einen Moment ins Stocken gerate, muss ich entspannt bleiben, damit ich nachdenken kann. Die Information ist bereits vorhanden und es lohnt sich, im Kopf danach zu suchen!

Strategisch gehe ich davon aus, dass ich mir nicht alle Namen sofort merken kann und mich deshalb auch nicht ärgeren werde, wenn ich einen vergesse.

Wenn ich mich ärgere, vergesse ich fast alles. Dann sind die Endorphine und die Stresshormone am Toben.

Wenn ich entspannt bleibe, kommt mir die Erinnerung nach kurzer Zeit wieder. Nach 3–4 Sekunden kommt mir dann Charlotte wieder in den Sinn. Die Ohrringe stehen in Verbindung mit der LP der Beatles oder der Tüte Milch mit der Schelle, es ist also Michelle. Das rote Kleid war Chiling, Monika war die Brille, die Lippen stehen für Philipp – sie leuchten wie eine Philips-Glühbirne, wenn er nachdenkt. Dann gibt es noch den Mann, der sich einen Gurt um sein Kinn bindet, damit er nicht schnarcht. Das ist Kurt. Wenn ich Sie jetzt frage: »Wer ist Michelle?«, dann zeigen sie sofort auf die Frau mit dem Ohrring. Und wenn ich Sie nach Maria frage, können Sie diese sogar mit geschlossenen Augen beschreiben. Sie haben nun also begriffen, dass Sie einen Fixierpunkt brauchen. Sobald Sie zwei Augenbrauen sehen, sagt Ihr Gehirn dann mit großer Wahrscheinlichkeit: »Ja, das ist der Hermann!«

Zeitschriften sind die besten Schulbücher

Diese Methode können Sie üben, indem Sie sich ein Journal zur Hand nehmen, in dem viele Gesichter abgebildet sind. Die Gesichter sollten keinen Schauspielern gehören, die Ihnen bekannt sind. Entscheiden Sie sich besser für Gesichter aus der Werbung oder aus der deutschen Bundesregierung, die gerade erst gewählt wurde.

Sie können den Gesichtern Namen aus Ihrer Fantasie zuordnen oder Sie nehmen sich das Telefonbuch und suchen sich darin Namen und Orte aus.

Machen Sie diese Übung mit 20 Gesichtern, klappen Sie die Zeitschrift dann zu, gehen einen Kaffee trinken und schlagen das Heft wieder auf – Sie werden feststellen, dass Sie sich 15 von 20 Namen gemerkt haben. Sie können fast nicht verhindern, dass Sie die Namen jetzt draufhaben, weil Sie sich an die besagten drei Schritte gehalten haben!

Namen merken in drei Schritten

1. Schritt: Sie suchen sich im Gesicht einen markanten Punkt.

2. Schritt: Verbildern Sie den Namen, indem Sie ihn mit einem Symbol verbinden: z. B. Queen Elizabeth. Oder schaffen Sie sich ein Klangbild wie **Go**lf und Ein**lo**chen für Golo.

3. Schritt: Verknüpfen Sie die Informationen aus den ersten beiden Schritten mit einer Geschichte.

Respekt und Aufmerksamkeit

Diese Geschichte muss nicht aufwendig gestaltet sein, es reicht, dass Sie volle Lippen sehen und dann an Philipp denken, weil seine Lippen zu leuchten beginnen, wenn er nachdenkt. Für das Gehirn ist das völlig ausreichend! Dann gibt es noch die Methode, die Sie anwenden können, wenn jemand einen schwierigen Namen oder Nachnamen hat – den neun Personen könnten wir nämlich jetzt auch Nachnamen geben. Schauen wir uns hierfür ein Beispiel an!

Die Methode, die ich Ihnen jetzt zeige, wird Ihnen dabei helfen, sich unglaublich viel Respekt zu verschaffen. Festgestellt hat das auch Hera Lind. Ich weiß nicht, ob sie Hera Lind kennen – Sie ist eine großartige Bestseller-Autorin und lässt sich inzwischen auch Geschichten von Frauen zusenden, die sie dann in einem Buch verarbeitet. Ihre Gage teilt sie anschließend mit diesen Frauen. Auf jeden Fall verriet mir Frau Lind, dass sie die Methode, die Sie jetzt durch mich kennenlernen werden, vor jedem Vortrag anwendet. Frau Lind lernt alle Teilnehmer so gut auswendig, dass sie bereits den Vornamen kennt, bevor ein Teilnehmer seinen Namen sagt. Sie können sich sicher vorstellen, wie erstaunt die Menschen reagieren! Wenden wir uns nun diesem konkreten Beispiel zu: Ich kenne einen Mann, der Johannes Machowinski-Spiegelberg heißt. Von Beruf ist er Lehrer, ihm begegnete ich einmal in Gelsenkirchen in einer Gruppe von 80 Leuten. Bereits vor dem Vortrag erhielt ich eine Liste mit 80 Namen wie Helene Suter, Maria Sondereck und Walther Hagebühl.

Daraus konstruierte ich mir eine kleine Geschichte: Maria Sondereck steht an einer sonderbaren Ecke. Vorstellen kann ich mir das, ehe ich die Person tatsächlich kennenlerne! Bei Helene Suter sehe ich Helene Fischer, die gerade singt und auf der Bühne sucht sie nach Tee. Außerdem steckt noch ein Radio drin: Suter. So, und genau das können Sie mit 50 Vor- und Nachnamen in einer Stunde völlig ungeübt auch, wenn Sie die Sache mit ein bisschen Selbstvertrauen angehen!

Jeder hat ein Superhirn

Wenn ich diesen Trick früher angewendet habe, habe ich mir immer nur fünf Namen gemerkt und mir die anderen für später aufgehoben. Die Namensliste ließ ich mir so kopieren, dass zwischen dem Vor- und Nachnamen etwas Platz war. Dann faltete ich das Blatt und konnte mich dann entscheiden, ob ich die Vornamen anschauen wollte oder die Nachnamen. Dann übte ich fünf Namen ein, bis ich sie später irgendwann auf zehn erweiterte. Dann erweiterte ich die zehn auf 20 Namen, und ich merkte, dass ich 17 davon auf Anhieb wusste. Die drei fehlenden lernte ich völlig entspannt nach. Wenn ich 500 Namen lernen muss, verwende ich inzwischen immer 50er-Blöcke.

Es ist natürlich schön, wenn Sie zu schwierigen Nachnamen auch den Vornamen zuordnen können. Menschen nennen in der Regel ja zuerst ihren Nachnamen. Wenn die Nachnamen sehr kompliziert sind, muss nur die erste Silbe passen, dann kann Ihr Gehirn diese mit einer Geschichte verbinden.

Nehmen wir nun das Beispiel von Johannes Machowinski-Spiegelberg. Zu ihm habe ich mir folgende Geschichte ausgedacht: Er ist ein Macho und gewinnt beim Skilaufen, das englische »win« heißt »gewinnen«, also Machowinski.

Sie können auch Klangbilder aus Fremdsprachen wählen, wenn Sie die Fremdsprache beherrschen! Der Herr Machowinski fährt jetzt einen spiegelnden Berg hinunter, also Machowinski-Spiegelberg. Dort unten wird er getauft – wie Johannes der Täufer! Der Herr heißt Johannes Machowinski-Spiegelberg! Ich weiß noch genau, wie er reagierte. Als ich den Raum betrat, hatte bereits ein kleiner Teil der Gruppe Platz genommen. Dann begrüßte ich die Leute, und zwar so, dass ich immer, wenn einer mir seinen Nachnamen nannte, den entsprechenden Vornamen dazu sagte. Eine freudige Erregung kam auf, nach dem Motto: »Wow, schau dir das mal an!« Dann kam Herr Machowinski-Spiegelberg und grinste schelmisch, weil er wusste, dass sein Name doch etwas speziell ist. Als ich ihm aber mit einer völlig natürlichen Lockerheit sagte: »Na klar, Sie sind doch Johannes Machowinski-Spiegelberg«, da hatte ich dann einen Fan für den ganzen Tag gewonnen, weil er richtig begeistert war. Lieber Herr Machowinski-Spiegelberg, wenn Sie das hier zufällig lesen: herzliche Grüße von mir!

Jetzt müssen Sie sich einmal vorstellen, dass ich diese Methode auch anwende, wenn 500 Leute im Saal sind. Wenn den Leuten nämlich auffällt: »Mensch, der kann sich schon vor dem Kurs 500 Namen merken!«, dann sagen sie sich auch, dass alles, was danach kommt, einfach gut sein muss. Es ist also eine echt vielversprechende Sache!

Machen Sie Ihre Methode zum Gespräch

Es gibt noch einen Trick, den Sie anwenden können, wenn Sie sich verlässlich Namen einprägen möchten. Wenn Sie jemanden vor sich haben, der einen komplizierten Namen hat, Ihnen aber keine Visitenkarte gibt, dann könnten Sie sagen: »Soll ich Ihnen erklären, wie ich mir Ihren Namen merken kann?« Fragen Sie natürlich bitte nicht jemanden, der Müller oder Meier heißt. Wenn jemand einen komplizierten Namen hat, wird er fast immer auf Ihren Vorschlag eingehen. Vor Kurzem hatte ich bei mir zu Hause – ich wohne in Thailand – einen Arzt zu Besuch. Er hieß Apisuteapanja. Den Namen habe ich eben spontan aus dem Kopf abgerufen. Mit Vornamen hieß er Mo – er ließ sich auch immer mit Mo ansprechen, weil er nicht erwarteten konnte, dass sich jemand seinen komplizierten Nachnamen merkte. In Thailand ist es oft der Fall, dass sich die Leute kurze Namen für die Begrüßung geben, aber eigentlich ganz spezielle und schwierige Namen haben. Dann fragte ich den Arzt: »Sagen Sie, soll ich Ihnen einmal zeigen, wie ich mir Ihren Namen merke?« Dann wurde er total aufmerksam, weil jeder Mensch wissen will, was mit seinem Namen angestellt wird.

Ich habe mir vorgestellt: Ich sehe einen Apfel. Darauf steht die Zahl 3,14, also Pi. Dann mache ich daraus eine Suppe – Apisu. Dazu trinke ich einen Tee, einen englischen Tee, weswegen er tea heißt. Apisutea. Dann kommt Peter Pan vorbei und sagt: »Ja, ich trinke auch mit!« – Apisuteapanja. Das hat ihn positiv überrascht, weil es sehr selten vorkommt, dass jemand seinen Namen aussprechen kann. Außerdem hatte ich genügend Zeit dazu, meine Gedanken aufzubauen. Immer, wenn ich jemandem etwas erkläre, kann ich es mir besonders gut merken.

Wenn Sie etwas lernen und sich sicher sein möchten, dass Sie das auch wirklich gut können, dann erklären Sie einfach einem anderen Menschen, wie Sie sich etwas merken.

Sie werden feststellen, dass diese Daten besonders gut in Ihrem Gedächtnis haften bleiben!

9 Nachnamen

Okay, lassen Sie uns einen Schritt zurück zu den neun Gesichtern machen! Von einigen habe ich noch den Nachnamen gehört. Unsere Susanne heißt beispielsweise Schmitt. Den Namen gibt es aber in verschiedenen Varianten, also als Schmied,

Schmidt oder Schmid. Das Grundbild besteht aus dem Hammer des Schmieds. Wenn ich zwei Teebeutel an den Hammer hänge, dann ist es Schmitt mit tt. Wenn ich auf den Hammer einen kleinen Elefanten male, dann ist es ein Schmied. Wenn man den Namen mit dt schreibt, dann steht der Hammer in einer Stadt. An der Stelle, wo ich die Sahne suche, sehe ich nun also einen Hammer mit zwei Teebeuteln.

Jetzt sagen Sie vielleicht: »Oh Gott, ist das kompliziert! Da muss ich aber viel denken!« Ehrlich gesagt, kostet Sie diese Methode nicht mehr als eine halbe Sekunde. Jetzt haben Sie zwei Teebeutel, die Sie nicht mehr entfernen können!

Es ist mir lieber, wenn Sie sich schnell ein flüchtiges Bild machen, um festzustellen, dass es funktioniert hat, anstatt lange darüber nachzudenken: »Man, ist das schwierig!«

Dann wird nämlich gar nichts geschehen!

Dann ist da noch Hermann, der adelig ist und von Tobel heißt. Der eine Herr, der auf den Augenbrauen sitzt, ist adelig, also von. Der andere Herr isst eine Schokolade, nämlich Toblerone. Das ist eine Firma aus der Schweiz, die inzwischen aber den Amerikanern gehört. Die Chance, dass Sie jetzt von Tobel sagen können, ist erheblich!

Maria heißt wiederum Rohrschild: Sie läuft nach Bethlehem und findet auf der Straße ein Rohr. Auf dem Rohr liegt ein Schild eines mittelalterlichen Ritters.

Charlotte heißt Kruschinski. Das wäre jetzt der Moment, in dem ich sage: »Charlotte, soll ich Ihnen sagen, wie ich mir Ihren Nachnamen merke?« Dann würde sie zu 99 Prozent »Ja!« sagen. Dann sehe ich die Stelle, an der ich scharre und den Lottoschein finde. Jetzt können Sie gedanklich beim Lottoschein weitermachen: Der Lottoschein hat eine kleine Kruste und auf der Kruste befindet sich ein Schinken, in dem Skier stecken: also Kruschinski. Jetzt haben Sie die Chance, dass Sie sich den Namen merken können, etwa verzwanzigfacht, weil er doch relativ ungewöhnlich ist!

Und wenn Sie den Mann mit den Augenbrauen anschauen, dann wissen Sie jetzt wahrscheinlich: »Das ist Hermann von Tobel.« Und wenn Sie sich Maria anschauen, dann sagen Sie: »Klar, das ist Frau Rohrschild!« Und wenn Sie sich den Jeanskragen anschauen, der Charlotte gehört, dann sagen Sie: »Sie heißt Kruschinski mit Nachnamen.« Vielleicht geht es in den ersten zehn Minuten noch etwas langsamer, aber Sie werden merken, dass es dann relativ schnell funktioniert. Sie werden merken, dass Sie die Geschichte gar nicht mehr brauchen – dann sehen Sie Frau Schmitt mit oder ohne Hammer.

Happy Birthday, und zwar pünktlich!

So, und jetzt kommt noch die letzte Steigerung! Jetzt denken wir uns zu den letzten drei Gesichtern noch den Geburtstag dazu! Da wir Bilder von Zahlen haben, wird das auch funktionieren. Nehmen wir mal an, dass Monika am 4. November Geburtstag hätte. Dann müssen Sie sich überlegen, welches Bild denn für die 4 steht. Dann wissen Sie sofort: »Klar, die 4 ist ein Auto mit vier Rädern!« In diesem Auto sitzen alle Spieler der deutschen Fußballnationalmannschaft – es muss also ein riesiges Auto sein! Das Auto fährt dann über die Brille. In diesem Moment sagt Ihr Gehirn: »Ich sehe eine Brille, ein Auto und einen Fußball.« Also ist es der 4. 11. Wie können Sie jetzt verhindern, dass Sie nicht aus Versehen auf den 11. 4. kommen? Sie könnten jetzt sagen: »Ich weiß, dass im November das Sternzeichen Skorpion ist.« Wenn Sie das wissen, könnten Sie sagen: »Im Kofferraum des Autos ist ein Skorpion.« Eine Alternative wäre, dass Sie den Monat groß machen und den Tag klein: In einem kleinen Auto sitzen riesige Fußballspieler.

Philipp hat am 24. 2. Geburtstag. Wir wissen, dass 24 das Nachttischchen im Schlafzimmer ist und die 2 eine Lampe. Also sehen Sie eine Nachttischlampe. Diese Lampe steht für Philipp, wenn er zu leuchten beginnt. Mit der Nachttischlampe haben Sie jetzt den 24. 2. Bei Kurt wähle ich nun den 30. 1. Jetzt sehen Sie einen Gurt. Und 30 ist das Badezimmer. Morgens geht Kurt ins Badezimmer und rasiert sich dann unter dem Gurt. Vielleicht können Sie im Badezimmer noch einen Baum erkennen. Der steht für die 1 und somit für den ersten Monat des Jahres. Es ist also der 30. Januar. Jetzt können Sie zur Brille schauen, Ihr Gehirn erinnert Sie dann an ein Auto mit großen Fußballspielern. Sie wissen dann: Es ist der 4. 11. Die Lippen leuchten wegen der Nachttischlampe, also habe ich den 24. 2. Und Kurt geht ins Bad, in dem ein Baum steht, weswegen Sie sofort an den 30. 1. denken.

Die mentale Personenakte

Jetzt können Sie eindeutig die drei Geburtstage zuordnen! Eigentlich unterscheidet sich diese Methode nicht von jener, sich den Nachnamen zu merken. Sie könnten sich aber auch – wie in unserem Beispiel mit Thomas Mann – die gesamten Kinder der neun Personen einprägen oder die Brüder, Schwestern, Tanten und Onkel.

Sie müssen es einfach wagen und eine Geschichte beginnen! Dann werden Sie merken, wie wenig Anstrengung Sie dafür eigentlich brauchen!

Die Strategie, wie Sie sich Namen und Gesichter merken können, habe ich Ihnen hoffentlich gut erklären können. Ich möchte Sie dazu motivieren, sich jetzt eine Zeitschrift zu nehmen und die Methode zu testen. Bitte verlassen Sie die nächste Party nicht, bis Sie alle Leute mit Namen ansprechen können. Es hilft Ihnen, wenn Sie ein Foto von der Party machen, damit Sie die Namen der Gäste zu Hause nochmal in Ruhe wiederholen können.

Wenn Sie noch intensiver trainieren wollen, dann gibt es natürlich noch ein paar weitere Übungen in meinen Videos, das wissen Sie ja schon. Sie können mir auch eine E-Mail schreiben, dann können wir gemeinsam überlegen, wie Sie vorgehen sollten.

6. Das unendliche Gedächtnis

Namen, Familien, Stammbäume

Das Namensgedächtnis ist gemäß Raymond Cattell Teil unserer kristallinen Intelligenz, die ständig erweitert werden kann. Wie man dabei am besten vorgeht, werden Sie nun anhand eines weiteren Beispiels erleben, in dem es um die englischen Könige und ihre Beziehungen zueinander geht. Sie werden sehen, dass das Spaß macht, einfach ist und zugleich das Allgemeinwissen fördert. Also machen Sie sich startklar!

Früher habe ich oft Serien und Filme geschaut, bei denen es um das englische Königshaus ging: »Der Rosenkrieg«, »Die Tudors, »The White Queen« und »Reign« – es wurden ganz viele Filme und Serien angeboten, die um dieses Thema kreisten. Aber ich war mir nie im Klaren darüber, welches Königshaus wann am Regieren war, wie sich die verschiedenen Königshäuser beeinflusst haben und wie sie zusammenhingen.

Daraufhin habe ich mich entschieden: Ich lerne alle englischen Könige von 1066 an bis heute auswendig. Jetzt im Nachhinein muss ich feststellen, dass das ein echter Zugewinn für mein Allgemeinwissen war. Irgendwie kann ich die englische Geschichte jetzt deutlich besser nachvollziehen als früher, als ich dieses Raster noch nicht im Kopf hatte. Warum beginnt die Reihe der englischen Könige aber ausgerechnet im Jahr 1066? In diesem Jahr nahm Wilhelm der Eroberer England ein. Eigentlich war er Herrscher über die Bretagne, aber als er bemerkte, dass die regierende Klasse in England geschwächt war, griff er das Land an und eroberte es 1066 bei der Schlacht von Hastings. Darum heißt er auch Wilhelm der Eroberer.

Jetzt lerne ich mit Ihnen die ersten zehn von insgesamt 47 Königinnen und Königen von damals bis heute auswendig, damit Sie sehen, wie meine Methode funktioniert. Wir werden nicht einfach nur die zehn Namen kennenlernen – das ist ja relativ einfach –, wir werden uns noch mehr verinnerlichen. Erst lernen wir die zehn Namen ohne große Begründung. Danach kümmern wir uns um die bekannten Zusammenhänge, in denen sie stehen. Letztlich werden Sie also genauso viel wissen wie ich.

Nehmen Sie die Übung als Test ernst und fragen Sie sich:

Wie fühlt sich das Gelernte nach drei Wochen an? Habe ich tatsächlich alles verinnerlicht? Welche Informationen sind hängengeblieben?

Die englischen Könige

Ich nehme die Baumliste, die Sie noch von der Einkaufsliste her kennen. Sie werden merken, dass Sie diese Liste immer wieder neu verwenden können, ohne dass dies Stress in Ihrem Gehirn verursacht. Sie werden die Informationen auf der Baumliste nicht mit den englischen Königen verwechseln können: Wenn ich den Ritter sehe, also die 15, denke ich an die Information, dass er das Auto beim Kundendienst anmeldet. Wenn ich den Geist sehe, dann weiß ich, dass hier die Information lautet, Papier zu kaufen.

Zunächst muss ich Wilhelm den Eroberer beim Baum ablegen: Ich sehe einen Baum, an dem ein Helm hängt. Unter dem Baum steht ein Mann, der diesen Helm erobern möchte. Deshalb bewirft er ihn mit Steinen und Ästen, bis der Helm tatsächlich herunterfällt. Jetzt hat der Mann den Helm erobert, also heißt er Wilhelm der Eroberer!

Ein anderer Pflock zum Einschlagen wäre dieser: Am Baum hängt noch eine Bibel, das ist die 10, und unter der Bibel hängen zwei Würfel. Ein Würfel ist eine 6, also 66, zusammen mit der Bibel 1066. Ich brauche jetzt die beiden Würfel, weil wir noch kein gemeinsames Bild für 66 haben. Hätten Sie das Bild für 66 – das ist übrigens ein Blumenbeet im Garten – dann hätte ich mir einfach auf der Bibel dieses Blumenbeet vorgestellt. Bei so einer kleinen Zahl kann man aber auch ausnahmsweise mit Ziffern arbeiten – vor allem, wenn man die vollständige Hunderterliste noch nicht hat. So, jetzt wissen wir: Nummer 1 steht für das Jahr 1066 – Wilhelm der Eroberer.

Anschließend kommt die Nummer 2: Wilhelm II. Dieser hatte einen Spitznamen, nämlich Rufus, das heißt auf Deutsch so viel wie »der mit den roten Wangen oder mit den roten Haaren.« Auf der Lampe hängt ein Mann mit einem Helm, der nach unten ruft: »Ich würde hier gerne herunterklettern!« Deshalb heißt er Wilhelm Rufus II.

Bei dem Bild für Heinrich I. schwimmt auf dem Hocker ein Haifisch. Mein Bild für Heinrich ist immer ein Haifisch! Wenn das Wort Haifisch im Zusammenhang mit irgendwelchen Namen vorkommt, sagt mein Gehirn immer: »Klar, das ist Heinrich!« Und da dieser nun der erste König ist, der diesen Namen trägt, ist es Heinrich I.

Heinrich I., Heinrich II., Heinrich III.

Eine kleine Anmerkung muss ich an dieser Stelle zu den englischen Königen machen: Wenn wir alle von ihnen betrachten, kommen in ihrer Reihe keine 20 verschiedenen Namen vor. Die Namen wiederholen sich also permanent. Irgendwann taucht ein Eduard auf, dann lege ich fest: Das ist ein Elefant, der in Dur singt, also Eduard. Bei Richard kann ich erkennen, dass dieser reich und hart ist, also Richard. Dann kommt ein Stephan, da sehe ich einen Stiefel vor meinen Augen. Wenn ich einem Georg begegne, dann sehe ich Georg den Drachentöter. Ist Victoria an der Reihe, dann muss ich an ein Victory-Zeichen denken. Sie sehen, was ich meine. Aber unter den ersten 10 Königen kommen natürlich nicht so viele Namen vor, was Sie gleich selbst bemerken werden.

Wir greifen kurz zurück: Wir sehen beim Baum Wilhelm den Eroberer, bei der Lampe Wilhelm Rufus II., auf dem Hocker schwimmt ein Haifisch, das ist Heinrich I. Als Auto stelle ich mir dann eine amerikanische Präsidentenlimousine vor. Bei einer Parade wird dieses Auto von Leibwächtern umringt – das Bild kennen Sie vielleicht aus dem Fernsehen. Die Leibwächter haben immer Stiefel an. Das ist nämlich Stephan, der vierte König.

Schließlich habe ich die Hand, hier stelle ich mir vielleicht einen Handschuh vor, der nicht glänzend, sondern matt ist. In der Hand befindet sich eine Dattel, denn das ist Mathilda, die fünfte Königin.

Spannenderweise sind bei der Nummer 6, also bei dem Würfel mit 6 Seiten, schon wieder Stiefel abgebildet, denn das ist nochmal Stephan.

Die Nummer 7, das sind die 7 Zwerge. Hinter ihnen steht ein Schwimmbecken, darin schwimmt schon wieder ein Haifisch, und somit wissen wir jetzt auch, wie der siebte König heißt: Heinrich. Weil es natürlich der zweite Heinrich ist – der erste war ja derjenige auf dem Hocker – ist es Heinrich II.

In der Achterbahn sitzt nun ein reicher Mann. Während der Fahrt holpert es sehr hart – das ist Richard I. Übrigens hält dieser Richard einen Löwenzahn in seiner Hand und drückt diesen an sein Herz. Das ist Richard Löwenherz, den Sie vielleicht aus »Robin Hood« kennen.

Die Nummer 9 ist die Katze, die an einem Joghurtbecher leckt, auf dessen Deckel ein Hahn abgebildet ist, also ein männliches Huhn. Um die Katze herum gibt es außerdem kein Land! Warum? Das ist Johann Ohneland!

So, und jetzt kommt noch der zehnte König. Jetzt bin ich bei der Bibel mit den 10 Geboten. Auf dieser schwimmt schon wieder ein Haifisch. In der Bibel steht eine Geschichte über diesen Haifisch, die 3 Seiten lang ist: Das ist dann Heinrich III.

Nun haben wir das Grundraster wiederholt. Wenn Sie jetzt feststellen, dass Sie, ohne perfekt sein zu wollen, 8 von diesen 10 Königen hinbekommen, dann können Sie mit der mentalen Einstellung an die Sache herangehen: »Die anderen beiden lerne ich gerne noch nach, denn jetzt weiß ich haargenau, wo ich welche Information nachlernen muss!«

Unsere Geschichte lautet folgendermaßen: Am Baum finde ich Wilhelm den Eroberer. An der Lampe sehe ich Wilhelm Rufus II. Auf dem Hocker entdecke ich einen Haifisch, das ist Heinrich I. Am Auto finde ich den Stiefel, also Stephan. Der matte Handschuh wird wiederum über die Hand gestülpt – das ist Matilda. Der Würfel ist wieder Stephan. Bei den 7 Zwergen befindet sich Heinrich II. Auf der Achterbahn befindet sich Richard Löwenherz. Die Katze ist Johann Ohneland. Bei der Bibel wird dann mit Heinrich III. der zehnte König abgelegt.

Zum Üben können Sie wieder eine Seite mit der Hand abdecken, um sich selbst abzufragen und um zu testen, ob Sie die Namen wirklich beherrschen.

Die ersten 10 englischen Könige

1.	Wilhelm der Eroberer
2.	Wilhelm II. Rufus
3.	Heinrich I.
4.	Stephan von Blois
5.	Matilda
6.	Stephan von Blois
7.	Heinrich II.
8.	Richard I. Löwenherz
9.	Johann Ohneland
10.	Heinrich III.

Ich glaube, Sie sind jetzt in der Lage dazu, den Zahlen die richtigen Namen zuzuordnen. Wenn ich Nummer 6 sage, dann erkennen Sie einen Würfel und die zweite Version des Stephans. Und bei der Nummer 3 sagen Sie: »Ich sehe Heinrich I.« Es ist wirklich aufregend, was unser Gehirn da leistet: Wenn Sie sich einigermaßen sicher sind, können Sie sich jetzt ein Platt Papier nehmen und das Buch weglegen. Sie können die zehn Königsnamen aufschreiben, bis Sie über sich sagen: »Okay, das passt!« Erst dann, wenn Sie die Namen gut können, können wir diese mit zusätzlichen Gedanken unterlegen.

Ich kann sagen: Wilhelm II. Rufus und Heinrich I. waren die Söhne von Wilhelm dem Eroberer. Sie werden die Verknüpfung sofort in Ihrem Kopf finden! Bei Heinrich I. kann ich außerdem verraten, dass unter dem Hocker ein weißes Schiff zu sehen ist. Warum das so ist, werde ich nachher erzählen! Beim Haifischbecken, das bei den 7 Zwergen steht, wo sich auch Heinrich II. aufhält, lehnt ein Polizist am Beckenrand, trinkt Tee und ist nett.

Dehnen Sie Ihr Wissen aus!

Kennen Sie die Magna Charta? Diese stellt eines der wichtigsten geschichtlichen Dokumente in England dar. Sie können auch sagen, Sie sehen ein Magnum-Eis, auf dem eine Karte abgebildet ist. Dieses Magnum-Eis steckt im Joghurt bei Johann Ohneland. Wenn ich jetzt frage: »Wie hießen eigentlich die Söhne von Wilhelm dem Eroberer?« Dann werden Sie relativ schnell sagen: »Wilhelm II. Rufus und Heinrich I.« Und wenn ich Sie frage: »Wo ist das weiße Schiff?« Dann sagt Ihr Gehirn: »Natürlich unter dem Hocker!« Dann frage ich: »Wo ist die Magna Charta?« Dann antworten Sie: »Im Joghurt!« Und schließlich: »Wer steht am Haifischbecken von Heinrich II.?« Dann sagen Sie: »Ein Polizist, der Tee trinkt und nett ist.« Das kann man, so glaube ich, nachvollziehen!

Jetzt kommt eine etwas komplexere Geschichte: Wilhelm der Eroberer hatte nicht nur zwei Söhne, die seine Nachfolger wurden, er hatte auch einen dritten Sohn. Der hieß Robert. In meinen Gedanken sage ich mir, dass Robert ein Mann mit einem roten Bart ist. Ein roter Bart steht für mich für Robert! Er hieß Robert Kurzhose. Kurzhose wird ausgesprochen wie im Deutschen, es wird nicht anglisiert. Nachdem Wilhelm der Eroberer starb, übernahm Robert Kurzhose die Normandie und sein jüngerer Bruder Wilhelm Rufus übernahm England. Jetzt wurden die Normandie und England wieder getrennt. Als Wilhelm II. stirbt und sein jüngerer Bruder Heinrich I. übernimmt die Regentschaft, besiegt dieser seinen ältesten Bruder Robert auf dem Schlachtfeld und gewinnt die Normandie zurück.

Diese Nebengeschichte wollte ich schnell erzählen, um sichergehen zu können, dass Sie sagen: »Jetzt ist mir das klar!«

Ich sehe also Wilhelm den Eroberer mit drei Kindern. Der eine behält die Normandie – das war Robert Kurzhose – und die zwei anderen Söhne wurden dann englische Könige, was wir schon durch die Baumliste gelernt haben.

Warum befindet sich aber unter dem Hocker dieses weiße Schiff? Es gab ein einschneidendes Ereignis zu der Zeit, als Heinrich I. regierte. Damals sank das Weiße Schiff, auf dem sich einige Mitglieder der englischen Königsfamilie und des englischen Hofstaats befanden. Alle Passagiere ertranken beim Untergang, auch der einzige eheliche Sohn von Heinrich I. Plötzlich gab es keinen Thronfolger mehr. So bestimmte Heinrich I.: »Meine Tochter wird nach meinem Ableben Königin!« Diese Tochter war Matilda.

Als Heinrich I. dann starb, ergriff der Sohn der Tochter von Wilhelm dem Eroberer, der Cousin von Heinrich I., die Macht. Das war Stephan. Also kam zunächst nicht die legitime Nachfolgerin Matilda an die Macht, sondern Stephan, ihr Cousin. Schließlich schlug Matilda König Stephan auf dem Schlachtfeld. Stephan kam ins Gefängnis und Matilda wurde Königin. Sie war eine der mächtigsten Frauen des damaligen Zeitalters und Witwe des römisch-deutschen Kaisers Heinrich V. Und warum? Das erzähle ich Ihnen jetzt gleich! Zeitlebens wurde Matilda als Kaiserwitwe angesprochen. In zweiter Ehe heiratete sie den bedeutendsten Fürsten

Westfrankreichs, nämlich den Fürsten von Anjou aus dem Haus Plantagenet. Das Haus Plantagenet brachte insgesamt acht Könige hervor, die auf der Liste der englischen Könige die Plätze 7–14 belegen.

Matilda wurde offenbar durch Intrigen gezwungen, das Land zu verlassen. Sie musste fliehen, weil Stephan aus dem Gefängnis kam. Sie verfügte jedoch über die Macht, ihren Sohn zum Thronnachfolger zu bestimmen, wenn Stephan sterben sollte. Als sie abtrat, kam Stephan wieder an die Macht, weshalb er der vierte und zugleich sechste König Englands war. Nach dem Tod Stephans kam Matildas Sohn an die Macht: Heinrich II. Dieser war der erste Plantagenet, da Matilda mit einem Mann dieses Hauses verheiratet war und er der Sohn aus dieser Verbindung war.

P ist ein Polizist, der lehnt sich an das Haifischbecken, trinkt Tee und ist nett: Das ist das Wortbild für Plantagenet. Somit ist in Ihrem Kopf jetzt sichergestellt, dass der siebte König Heinrich II. aus dem Haus Plantagenet war. Durch seine Mutter war er gleichzeitig aber auch der Urenkel von Wilhelm dem Eroberer.

Die Nummer 8 auf der Liste der englischen Könige war Richard Löwenherz, der Sohn von Heinrich II. war, dessen Sohn wiederum war Johann ohne Land. Johann Ohneland verlor seine gesamte Macht an die Fürsten, weshalb er kein Land mehr besaß. Davon leitet sich sein Name ab. Er musste die Magna Charta unterschreiben und die gesamte Macht der Fürstenfamilie zurückgeben. Seinem Sohn Heinrich III. gelang es, die Macht wieder zurück ans Königshaus zu reißen. Er baute die effizienteste Verwaltung in ganz Europa auf!

So, jetzt haben wir doch immerhin über die ersten 10 Könige einige Informationen erhalten! Wir sind uns auch im Klaren darüber, dass alle Verbindungen zurückgehen auf Wilhelm den Eroberer: Wenn Heinrich II. der Urenkel war, dann war Richard Löwenherz der Ururenkel und Johann Ohneland der Urururenkel. Alles hängt also miteinander zusammen! Das Haus Plantagenet stellt kein separates Königshaus dar. Das erste Königshaus nannte man das normannische Königshaus – es reichte von Wilhelm dem Eroberer bis zu Stephan in der zweiten Version.

Die Zeit arbeitet für Sie

Eines kann ich Ihnen empfehlen: Lassen Sie das Wissen erstmal sacken. Ich habe jeden Tag kurz vor dem Einschlafen auf Wikipedia einen der verschiedenen Könige aufgerufen. Übrigens existiert dort eine Liste, auf der man alle Könige bis zur Königin Anne findet. Diese war die erste Königin, die Schottland und England als ein gemeinsames Land regierte. Ab Königin Anne existiert eine zweite Liste, die bis in die heutige Zeit reicht. Schauen Sie sich also einmal die englischen Könige an. Sie werden viele Zusatzinformationen finden, die dieses Kapitel hier sprengen würden. Aber eben durch diese Zusatzinformationen kann man in Erfahrung bringen, welche Kinder die englischen Könige hatten und welche Gebiete sie eroberten. So können Sie Ihr Wissen erweitern, wenn Sie an dem Thema interessiert sind! Ich jedenfalls habe dabei sehr viel gelernt!

Eine humorvolle Sache erfuhr ich über Karl II., der natürlich in England Charles hieß. Er hatte sehr viele Mätressen und die meisten Kinder, die er mit diesen Mätressen hatte, wurden offiziell Grafen und Fürsten und bekamen Ländereien zugewiesen. Nebenbei wird jedoch vermutet, dass er noch über 350 weitere Kinder gehabt haben muss. Tatsächlich geht ein erheblicher Prozentsatz des englischen Hochadels auf Karl II. zurück. Auch Lady Di ist eine Nachfahrin einer Mätresse von Karl II., genauso wie Camilla, die aktuelle Frau von Charles. Zusammenhänge zwischen den Tudors und den Stewards bestehen übrigens auch, obwohl es den Anschein hat, dass es sich um zwei voneinander unabhängige Häuser handelt.

Zu viel möchte ich nicht vorgreifen. Machen Sie das Spiel so wie ich, informieren Sie sich über die Königshäuser und führen Sie die Liste dann weiter! Im Fußballtor können Sie sich den elften König denken, das ist Eduard I. Drei Könige, die hintereinander regierten, hießen übrigens Eduard, weshalb es in diesem Fall relativ einfach ist. Für Eduard hatte ich schon ein Bild: Das ist ein Elefant, der in Dur singt und im Tor steht. Der Geist hat auch einen Elefanten, der in Dur singt als Haustier. Im Fahrstuhl befindet sich ebenfalls ein Elefant, der in Dur singt. Es ist logisch, dass die Nummerierung hier 1, 2 und 3 ist. Also können Sie die Baumliste jetzt einfach füllen! Wenn ich die 14 anschaue, dann sehe ich ein Herz, das vielleicht das Herz eines reichen und harten Mannes darstellt, das wäre dann Richard II., der als Tyrann in die Geschichte einging. Jetzt haben Sie alle Plantagenet-Könige gelernt! Richard II. war der letzte der Plantagenets, dann kommt Heinrich IV.: Beim Ritter sehe ich dann einen Haifisch, der 4 Pfötchen hat und abends immer in einem langen Kasten schläft. Das ist das Haus Lancaster!

Wenn Sie möchten, können Sie die Liste auf diese Art und Weise weiterführen. Sie werden dann höchstens vor das Problem gestellt, dass Ihnen ab der 30 keine Plätze mehr zur Verfügung stehen.

Insgesamt müssen Sie ja 47 Könige unterkriegen, was Sie auch schaffen würden, wenn Sie in Ihrer mentalen Wohnung noch ein Zimmer eröffnen.

Nehmen Sie sich Zeit und beschäftigen Sie sich mit den englischen Königen! Prinzipiell ist es unwichtig, ob Sie alle englischen Könige kennen. Es geht darum, dass Sie merken, wie Ihr Gehirn Informationen mit Namen verknüpft. Je länger Sie diese Informationen verarbeiten, desto klarer werden Sie sie sehen und desto besser können Sie sich diese merken.

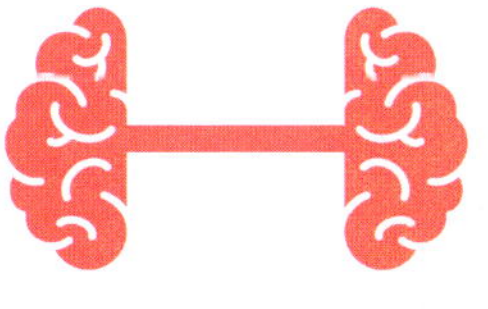

7. Die Alternative zum Auswendiglernen

Die durchgeknallte Eisbärgeschichte

In dieser Übung bitte ich Sie darum, den Text dieser kleinen Geschichte in Ruhe durchzulesen. Springen Sie anschließend noch einmal an den Anfang und lesen Sie die Geschichte erneut durch. Schreiben Sie dann möglichst viele Stichwörter der Geschichte auf – natürlich in der Reihenfolge, in der sie genannt werden. Später lesen Sie die Geschichte bitte ein drittes Mal durch, damit Sie eventuell entstandene Löcher stopfen können und den Text vollständig in Ihren Notizen verarbeitet haben. Bitte lesen Sie dann im Buch weiter, wenn Sie die Geschichte fast perfekt oder sogar perfekt aufschreiben konnten – je nachdem, wie gut es bei Ihnen klappt!

Stellen Sie sich vor, Sie sehen einen Eisbären, der ein Hobby hat, er spielt nämlich gerne Eishockey. Allerdings spielt er nicht mit einem Puck, sondern mit einem Big Mac von McDonald's. In Gedanken stehen Sie neben dem Eisfeld und schauen dem Spiel zu, während Sie in Ihrer Hand eine Tortilla halten. Ihr Nachbar sieht, dass Sie essen, und wünscht Ihnen einen guten Appetit. Dann fragen Sie ihn: »Hören Sie mal, kommen Sie nicht aus der Berliner Szene?« Er zieht daraufhin ein automatisches Maschinengewehr und schießt eine Gewehrsalve in die Luft.

Sie haben Angst und fliehen auf einer Honda. Hinter der Honda sitzt der Nikolaus, der in seiner Tasche ein Spielzeugauto aufbewahrt. Dieses Spielzeugauto kostet viel und ist nur etwas für die Reichen. In der nächsten Kurve sind wir zu schnell und fahren geradeaus in eine Palme, von der Kokosnüsse fallen. Die Kokosnüsse fallen aber nicht irgendwie zu Boden, sondern so, dass sie nacheinander auf den Äquator fallen. Wenn man das Ganze etwas anders darstellt, dann sehen sie fast so aus wie die Löcher einer Flöte.

Auf das Mundstück dieser Flöte streuen wir ein wenig Chili und stellen uns vor, wir blasen hinein. Mit diesem scharfen Gefühl im Mund kommen wir dann auf die Idee: »Wir könnten ja mal wieder in ein argentinisches Steakhaus gehen!« Dort sitzen wir dann anschließend, es ist ziemlich voll. Hinten hängen als Dekoration Hirsch- und Rehgeweihe. Vor uns steht der Ober und klopft auf seine Uhr. Wir nehmen ihm die Uhr weg und hängen sie auf ein Geweih. Der Ober tanzt Samba. Dann betritt eine französische Frau das Restaurant und hängt den Ober ans Geweih. Daraufhin wird er sauer. Er nimmt ein anderes Geweih und wirft es ihr an die Venen und sie holt die Polizei. Die Polizei schenkt ihr einen Papagei.

Das ist das Ende der Geschichte!

Meine durchgeknallten Notizen

Zum Geschichtenerzähler werden

Wenn ich während eines Vortrags die Frage stelle: »Wer von Ihnen ist jetzt tendenziell verwirrt?«, halten 95 Prozent die Hände nach oben und ein helles Gelächter rauscht durch den Saal. Klar, denn was ist in psychologischer Hinsicht ein Problem beim Lernen? Wenn wir das Gefühl haben, überfordert zu sein! Nun kommt eine entscheidende Aussage, die Sie unbedingt verinnerlichen müssen. Keine Angst, Sie haben ja schon öfter erlebt, dass das, was ich gesagt habe, tatsächlich stimmt. Also sagen Sie sich: Beim Lernen liegen zwischen dem Gefühl »Puh, ist das kompliziert!« und dem Gefühl »Nein, es ist eigentlich ganz einfach!« in der Regel nur fünf Wiederholungen.

Wenn Sie etwas lernen und sich in aller Ruhe hinsetzen und den Lernstoff fünfmal wiederholen, wird das Gelernte im Gehirn so abgespeichert, dass es einfach wird, die Informationen abzurufen.

Durch die wiederholte Korrektur wissen Sie, wann der Stoff perfekt sitzt.

In der Schule bleibt kaum die Zeit, den Schülern etwas beizubringen und den Lernstoff dann fünfmal zu wiederholen. Aus diesem Grund bleibt in der Schule auch so wenig hängen. Dort wird nicht die großartige Technik des Geschichtenerzählens verwendet, deren Kraft wir soeben erlebt haben. Deswegen halte ich auch so viele Vorträge in Schulen, um Lehrerinnen und Lehrer, vor allem aber auch direkt Schülerinnen und Schüler sowie deren Eltern von meinem Gedächtnistraining zu begeistern.

An diesem Punkt dürfen Sie noch nicht weiterlesen. Springen Sie noch einmal zurück an den Anfang der Geschichte. Lesen Sie die Geschichte in Ruhe ein zweites Mal durch! Ergänzen Sie möglichst viele Stichwörter in Ihren Notizen. Lesen Sie die Geschichte dann ein drittes Mal und korrigieren Sie bitte die Punkte, die Sie bislang vergessen haben! Sie sollten mindestens 90 Prozent der Geschichte aufschreiben können. Wenn nicht, dann lesen Sie die Geschichte noch ein viertes Mal durch. Und wenn Sie dann so weit sind, dass Sie glauben, Sie haben alles auf dem Papier stehen, schließen Sie die Augen und überlegen Sie noch einmal in aller Ruhe, wie die Geschichte lautet. Sie werden feststellen: »Eigentlich ist das jetzt gar nicht mehr so schwierig!«

Sie müssen nur in dem Zustand sein, dass Sie in der freudigen Erwartung eines positiven Resultates lernen.

Dieser Zustand beim Lernen, den wir auch Flow nennen, entsteht dann, wenn Sie erwarten, dass Sie auf hohem Niveau beim Lernen Erfolg haben werden. Das ist ein wichtiger Zustand, da Sie ja davon ausgehen können, dass Sie Fehler machen dürfen. Sie wissen, dass Sie fünf Chancen haben, den Lernstoff zu wiederholen, und Sie können davon ausgehen, dass Sie den Stoff nach dem fünften Mal können.

Worum es hier eigentlich geht

Schön, dass Sie die durchgeknallte Eisbärengeschichte beherrschen! Jetzt kommt der Moment, in dem ich Ihnen erzähle, was Sie da eigentlich gelernt haben. Schließlich gehe ich davon aus, dass Sie die Geschichte tatsächlich erzählen können! Nun sollten Sie dazu in der Lage sein, wenn ich beispielsweise »Äquator« sage, zu erwidern: »Da kommen irgendwelche Kokosnüsse ins Spiel, weil ich in eine Palme gefahren bin.« Sie müssen den Äquator unter der Palme sehen. Auf der Flöte müssen Sie wiederum den Chili schmecken. Es ist nicht schlimm, wenn Sie noch kleinere Fehler machen, aber Sie müssen das System präsent haben.

Was haben Sie also gelernt? Das waren alle Länder von Nord-, Mittel und Südamerika in der Reihenfolge der Landkarte! Ich löse das Geheimnis nun auf: Es existieren zwei Versionen, wie ich die Ländernamen verbildert habe. Bei Nordamerika habe ich Symbole verwendet. Wann kann ich Symbole nutzen? Wenn wir ein gemeinsames Vorwissen haben! Die meisten Leute wissen, dass Eisbären etwas mit Alaska am Hut haben. Natürlich wissen wir auch, dass Alaska zu den USA gehört, und Dinge, die ich sowieso weiß, muss ich nicht auswendiglernen.

Eishockey assoziieren viele Menschen mit Kanada. Beim Big Mac denke ich sofort an die USA, bei der Tortilla an Mexiko. Die Symbole funktionieren aber nur, wenn ich sie mit jemandem teilen kann. Symbole für Mittelamerika fehlen vollständig, denn niemand kennt – wenn Sie einen Saal voll mit Leuten haben – irgendwelche Symbole der mittelamerikanischen Länder. Wenn ich aber Klangbilder nutze – also den mächtigen Weg, um sich abstrakte Dinge zu merken – dann erstelle ich Buchstaben- und Silbenbilder. Aus »Mo« wird Mond, Aus »Me« wird Mehl, aus

»Sa« wird Sahne, aus »So« Sonne, ein »Tee« wird zum Teebeutel, ein »U« wird eine »U-Bahn«.

Und wenn mein Nachbar am Spielfeldrand zu mir sagt: »Guten Appetit!«, dann denke ich an Guatemala. Und wenn ich ihn frage: »Kommst du aus der Berliner Szene?« Dann ist das ein Klangbild für Belize. Das ist ein ganz kleines Land, in dem der Jaguar lebt. Die Hauptstadt heißt Belmopan und ist relativ unbekannt. Mein Nachbar zieht ein elektronisches Maschinengewehr und schießt eine Salve – El Salvador. Wir fliehen auf einer Honda – Honduras. Hinten sitzt der Nikolaus mit dem Spielzeugauto, Auto heißt auf Englisch car, es handelt sich also um Nicaragua. Das Spielzeugauto kostet viel und ist nur für die Reichen – Costa Rica. Jetzt fahren wir in eine Palma! Wir sind in Panama! Das waren bereits alle Länder von Mittelamerika!

Für Südamerika werde ich ab und zu Klangbilder entwerfen wie bei Guatemala und »Guten Appetit!« Ich werde auch Symbole verwenden wie Big Mac für die USA. In der Kurve fahre ich also in die Palme, von der die Kokosnüsse fallen. Das ist ein Klangbild für Kolumbien. Dann fallen die Kokosnüsse so zu Boden, wie wenn sie auf den Äquator fallen würden – das ist Ecuador. Wenn ich diese Information male, dann male ich eine Flöte, die aussieht wie eine peruanische Flöte, das ist dann Peru. Ich streue Chili auf das Mundstück, das ist Chile. Ich gehe ins argentinische Steakhaus – das ist Argentinien. Dann kommt der Ober mit seiner Uhr, die ich auf das Geweih hänge – Uruguay. Er beginnt, Samba zu tanzen – das ist Brasilien. Dann kommt die französische Frau und hängt ihn ans Geweih – Französisch-Guayana. Dieses Land gehört zu Frankreich, Hauptstadt ist Paris! Dann wird der Ober sauer – Surinam. Er wirft der Frau das Geweih nach – das ist das englische Guayana. Der Ober trifft mit dem Geweih die Venen der Frau – Venezuela. Er holt die Polizei – Bolivien. Die Polizei schenkt der Frau einen Papagei, also Paraguay.

Jetzt würde ich vorschlagen, dass Sie die Geschichte noch einmal mit der Lösung durchlesen. Nehmen Sie einen Stift zur Hand und testen Sie, wie viele Länder Sie schon eigenständig notieren können. Dies wiederholen Sie bitte so oft, bis Sie alle Länder schaffen. Sie werden dafür etwa eine Viertelstunde brauchen. Durch die Wiederholung können Sie die Begriffe in Ihr Langzeitgedächtnis schieben. Jetzt werden Sie sicherstellen, dass Sie die mittelamerikanischen Länder in der richtigen Reihenfolge aufschreiben können.

> *Morgen werden Sie das Gefühl haben: »Wow, ich konnte mir einen komplexen Lernstoff in einer überschaubaren Zeit aneignen!«*

In meinem Mega Memory gibt es übrigens viele solcher Geschichten. Mein Ziel ist es, dass Sie in Zukunft zu jedem Lernstoff Geschichten erfinden können. Hierzu braucht es eben Selbstvertrauen! Und deswegen erhalten Sie von mir auch so viele Übungen. Durch genügend Selbstvertrauen haben Sie in Zukunft den Mut, selbst Geschichten erfinden zu können!

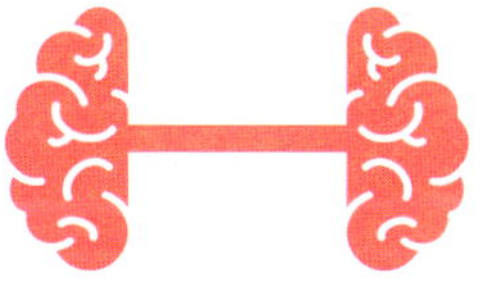

8. Eine Methode, viele Sprachen, korrekte Recht-schreibung

Nie mehr Buchstabensalat

Warum ist es für unser Gehirn schwierig, sich russische Vokabeln merken zu können oder französische Sätze zu lernen? Hier geschieht dasselbe wie beim Merken von Zahlen: Wir übermitteln dem Gehirn lediglich Silbenklänge. Klänge von Zahlen lassen sich ebenso schwer merken wie Klänge von Wörtern, weil das Gehirn nur lernen kann, wenn es dazu in der Lage ist, Informationen miteinander zu verknüpfen. Wenn ich das Wort громкагавариетель (Gromkagawarietel) höre – das ist das russische Wort für Lautsprecher – dann ist in meinem Gehirn fast nichts vorhanden, mit dem ich den Begriff verknüpfen könnte. Aber wenn ich sage: »Paris!«, dann sagen Sie: »Ja, klar – der Eifelturm!« Und wenn ich London sage, dann sehen Sie den Big Ben. Mit громкагавариетель verhält sich das ein bisschen anders.

Wenn ich Informationen in meinem Gehirn abspeichern möchte, dann hilft es, die Wörter in Buchstaben und Silben aufzulösen, Bilder daraus zu machen und diese zu einer Geschichte zu verknüpfen. Hierzu gebe ich Ihnen jetzt ein Beispiel.

Großmutters Lautsprecher

Sie sehen einen Lautsprecher, der aus Russland stammt. Unter dem Lautsprecher entdecken Sie kyrillische Schriftzeichen, während Sie im Hintergrund den Roten Platz erkennen können. Auf dem Lautsprecher sitzt eine Großmutter, die nun nach Rom fliegt. In Rom trinkt sie einen Kaffee und sitzt dabei in einem Garten. Neben dem Garten parkt ein Wagen, an dessen Steuer ein Riese sitzt und telefoniert.

Wenn Sie diese kurze Geschichte noch einmal wiederholen, dann werden Sie feststellen, dass sie verständlich klingt. Halten Sie bitte einmal kurz inne, schließen die Augen und stellen sich das Wort Gromkagawarietel (громкагавариетель) im Kopf vor. Wenn Sie das jetzt gemacht haben, dann lesen bitte nochmal den Text durch, damit Sie die Geschichte sicher können. Und dann machen wir weiter!

Wenn die Großmutter nach Rom fliegt, dann erzeugt das in meinem Kopf das Wort Grom. Mein Klanggedächtnis kann mich hier unterstützen! Die Großmutter fliegt nach Rom und trinkt einen Kaffee – Gromka. Sie sitzt in einem Garten – Gromkaga. Und dann parkt ein Wagen – Gromkagawa. Im Wagen sitzt ein Riese und telefoniert – Gromkagawarietel. So, und wenigstens können Sie das Wort jetzt richtig aufschreiben! Zwar schreibt man das Wort auf Kyrillisch vollkommen anders, aber zumindest können Sie es jetzt einmal langsam sagen! Gromkagawarietel ist jetzt für das Gehirn decodiert und verständlich geworden.

Wenn Sie mit diesem Wort 2–3 Tage lang in Ihrem Kopf jonglieren, dann werden Sie feststellen, dass Sie die Geschichte gar nicht mehr benötigen.

Sie werden das Wort dann aussprechen, als ob es ein deutsches wäre. Sie wissen, dass das Wort »Lautsprecher« bedeutet, weil der Lautsprecher, auf den sich die Großmutter gesetzt hat, auf dem Roten Platz steht. Ich mache ein weiteres Beispiel!

Nehmen wir das englische Wort für »düngen«: Stellen Sie sich ein kleines Schweinchen vor, ein Ferkel, das auf einem Tisch steht. Es springt hinab ins Tal – ganz leise, damit es niemanden stört, und geht düngen. Im Kopf umgesetzt ergibt diese Geschichte dann fer-tal-ize – Ferkel – Tal – leise. Fertalize schreibt man zwar vollkommen anders, aber wenn Sie das Wort einmal von einem Engländer hören, dann werden Sie feststellen, dass man es wirklich wie Ferkel–Tal–leise ausspricht.

Ich mache noch ein anderes Beispiel, und zwar für das spanische Wort »gelassen« – reprosadamente: Ich stellt mir ein Reh vor, das total gelassen und entspannt an einem Sandstrand posiert – reposa. Es frisst Datteln – reposada. Und es raucht eine Mentholzigarette – reposadamente.

Wenn Sie negativ an diese Technik herangehen, dann sagen Sie sich: »Das sind aber unglaublich viele Geschichten, die ich erfinden muss. Es ist entspannter, den Stoff auf konventionelle Art und Weise zu lernen!« Dann sage ich: »Stopp! Probieren Sie es einfach aus!« Wenn Sie feststellen, dass Sie mit dieser Methode 100 Wörter an einem Nachmittag lernen können und sich auch noch am nächsten Tag an diese erinnern, werden Sie ein solches Argument nie wieder gelten lassen! Beim Lernen müssen Sie sich immer wieder sagen: »Ich darf Fehler machen! Ich darf fünfmal versuchen, reprosadamente zu sagen!«

In fremden Zungen sprechen

Schön! Jetzt haben Sie bereits drei sehr anspruchsvolle Wörter gelernt! Gehen wir nun einen Schritt weiter und lernen einen ganzen Satz: Stellen Sie sich vor, Sie sind in Sizilien in einem renommierten Restaurant. Neben Ihnen sitzen einige sehr sympathische Menschen, die allerdings Ihre Sprache nicht sprechen. Sie werfen einen Blick auf die Gruppe und Ihnen fällt ein Mann auf, der eine Frisur wie ein Tiger hat. Diesem schauen Sie in die Augen und gurren dabei laut wie eine Taube. Natürlich bekommt Ihr Gegenüber dann ein rotes Gesicht. Plötzlich sehen Sie, wie die ganze Gesellschaft aufsteht, in die U-Bahn steigt und in die Nacht hinausfährt. Einer von Ihnen bellt plötzlich in der U-Bahn wie ein Hund und die anderen beginnen zu lachen. Die U-Bahn hält an einem See und alle steigen aus. Am Strand des Sees liegt ein Reserverad, auf diesem Reserverad steht eine weiße Kaffeetasse.

Jetzt kommt wieder dasselbe Procedere wie oben: Versuchen Sie, sich den Text aufzuschreiben. Wenn es Ihnen nicht gelingt, dann lesen Sie die Geschichte erneut durch, bis Sie den Text können. Dann machen Sie weiter!

Mein kleines Sizilien-Tagebuch

....

....

....

....

....

....

....

....

....

Sie fragen sich jetzt sicher, was Sie soeben gelernt haben. Das war ein vollständiger italienischer Satz: »Ich wünsche Ihnen einen schönen Abend.« Ti für den Tiger. Augen und gurren – auguro, betont übrigens auf der ersten Silbe. Der Tiger und die Augen, das wäre »Ti auguro«. Dann fährt die U-Bahn hinaus in die Nacht – una. Der eine bellt, die anderen lachen – bella. Dann halten wir am See und sehen das Reserverad mit der Tasse – serata: Ti auguro una bella serata – ich wünsche Ihnen einen schönen Abend. Das war doch schon ziemlich cool!

Sie können jetzt also langsam erkennen, dass Klangbilder von Silben helfen, wenn man sich ein abstraktes Wort merken möchte. Anders gesagt:

Klangbilder und Silben stellen die mächtigste Art und Weise dar, wie Sie sich abstrakte Dinge merken können.

Diese Methode müssen Sie unbedingt vertiefen. Dafür benötigen Sie mehr Übungen, als Ihnen dieses Buch bieten kann. Meine Videos beinhalten mehrere Stunden Training, in denen Sie lernen, wie man aus einem Lernstoff ein Bild macht – auch wenn es chinesische Schriftzeichen sind oder thailändische Klänge, also Sprachen, die sehr komplex sind.

Machen wir doch noch ein letztes Beispiel: Stellen Sie sich vor, Sie fahren in Kroatien in Richtung Dubrovnik. Sie haben zwar an der letzten Mautstation eine Karte gezogen, finden diese aber nicht mehr. Jetzt müssen Sie an der nächsten Mautstation mitteilen, dass Sie Ihre Mautkarte verloren haben. Es wäre natürlich am besten, wenn Sie das auf Kroatisch sagen könnten, denn dann haben Sie einen Vorteil. Sie fahren also an die nächste Mautstation, der Mitarbeiter öffnet sein Häuschen, Sie schauen ihn an und bemerken, dass er etwas isst – und zwar eine Gurke. Diese Gurke ist bio, schön grün und sieht gesund aus. Auf die Spitze der Gurke streut er Samen, damit sie besser schmeckt. Dann sagen Sie ihm, dass Sie Ihre Mautkarte verloren haben, woraufhin er nachdenkt. Dann nimmt er von einer Platte ein Glas Nutella. Darin steckt eine kleine Karte, auf der oben als Logo ein Tiger abgebildet ist. Der Angestellte gibt Ihnen die Karte und macht dann das Häuschen zu.

Nehmen Sie wieder einen Stift zur Hand und schreiben Sie die Geschichte so gut Sie können auf. Lesen Sie die Geschichte so oft durch, bis Sie sie perfekt aufschreiben können. Dann lesen Sie weiter!

In Kroatien auf der Autobahn

Okay, jetzt sind wir so weit, dass Sie die Geschichte können! Sie wissen also, der Angestellte isst eine Gurke, die Bio ist. Auf Kroatisch heißt es: Is gu bio. Dann streut er noch Samen drauf: Is gu bio sam. Er denkt nach: Is gu bio sam na. Von der Platte nimmt er das Nutellaglas – plat nu. Er zieht eine Karte mit einem Tiger drauf – kar ti. er macht sein Häuschen zu – kar ti zu. Zusammen heißt es also: Is gu bio sam na plat nu kar ti zu, was wiederum heißt: »Ich habe meine Mautkarte verloren.« Spätestens jetzt haben Sie gemerkt, wie genial diese Methode funktioniert!

Es wäre sinnvoll, wenn man im Sprachenunterricht an der Schule sagen würde: »Was immer es auch für eine Sprache sein mag, wir lernen generell die 100 wichtigsten Sätze mit dieser Technik, damit ihr sie verstehen und sprechen könnt.« So erhalten die Schüler einen schnellen Einstieg in den Umgang mit der jeweiligen Fremdsprache, sind motiviert, weiterüben zu wollen und können positive Erfahrungen sammeln.

Grammatik und Rechtschreibung folgt dann in einem zweiten Schritt – erstmal sollte es darum gehen, den Satz wie ein kleines Kind mündlich äußern zu können.

Unterdessen werden bei mir mehrere Sprachtrainings angeboten. Diese wurden in Zusammenarbeit mit Allesprachen in Graz entwickelt. Es sind keine klassischen Sprachtrainings, sondern Einheiten, bei denen man je nach Sprache zwischen 100 und 500 Sätze und Wörter lernt. Welche Sprachen das sind, habe ich ja bereits beschrieben. Schauen Sie doch einfach auf meiner Website vorbei, denn vielleicht ist diese Methode für Sie genau die richtige, um eine neue Sprache zu lernen!

Von der Schlechtschreibung zur Rechtschreibung

Sehr oft besuche ich Schulen und stehe im Austausch mit Schülern, Eltern und Lehrern. Wenn ich dann frage: »Wer von Ihnen steht vor dem Problem, dass die Kinder zu viele Rechtschreibfehler machen?«, dann gehen mit Sicherheit die Hände der Deutschlehrerinnen und -lehrer nach oben. Aber auch die meisten anderen Lehrer bestätigen: »Ja, das ist ein Problem! Wir wissen nicht, wie wir die Rechtschreibung der Schüler verbessern können!« Wie sieht der Vorgang aber konkret in der Schule aus? Man legt den Schülern orthografische Regeln vor und trägt Ihnen auf: »Schreibt das Wort zehnmal auf und sprecht es laut aus!« Offenbar liefert diese Methode aber nicht den gewünschten Erfolg. Wenn ich allerdings mit Lehrern ins Gespräch komme, kann ich sie nur von meiner Technik überzeugen, wenn ich ihnen konkrete Beispiele gebe.

Zunächst sollten Sie ein Wort wählen, das von dem Kind falsch geschrieben wird. Bitte wählen Sie nur eines, das falsch geschrieben wird und keine anderen Wörter, denn dann besteht die Gefahr, dass Ihr Kind die Motivation verliert. Da es diese Wörter bereits beherrscht, besteht kein Anlass dafür, sie nochmal lernen zu müssen. Am besten geeignet sind natürlich die Rechtschreibfehler aus dem Diktat, wozu etwa das Wort »Rhythmus« gehören könnte. Zu diesem Wort gilt es dann, eine Geschichte zu erfinden: »Stellt euch ein Tanzpaar vor, das sich rhythmisch bewegt.« Alle können sich nun ein Tanzpaar vorstellen, das rhythmisch tanzt. Einer der Tanzpartner trägt jedoch einen Helm, weil er aufgrund seiner Tollpatschigkeit ständig mit seiner Tanzpartnerin zusammenstößt. Das Paar tanzt nicht in einem Saal, sondern auf einer Straße mit einer Kreuzung, die zwei Abfahrten hat. Auf der anderen Seite der Kreuzung befindet sich eine riesige Tasse, in der ein Hund schwimmt. Er frisst Apfelmus. Solche Geschichten serviere ich Schulklassen.

Betrachten wir uns nun gemeinsam meine Vorgehensweise! An kritischen Stellen habe ich Bilder für den Ersatz der Buchstaben erstellt, worauf ich die Schüler manchmal einstelle: Ein Teebeutel ist ein T, eine Gitarre ein G, ein Polizist ein P. In der Regel werden diese Buchstabenbilder vor der eigentlichen Übung festgelegt. Sie können sich diese Vorstellung also langsam verinnerlichen. Und wenn ich frage: »Was ist, wenn der Tänzer einen Helm trägt?«, dann wissen die Schüler, dass man Rhythmus mit h schreibt. Und wenn eine Kreuzung mit zwei Abfahrten zu sehen ist, dann ist das ein y. Die Tasse, in der ein Hund schwimmt, ist ein th. Der Hund frisst das Apfelmus – aber das schreiben die Schüler sowieso nicht falsch. Wenn die Schüler das Wort Rhythmus schreiben, dann haben auch sie fünf Chancen.

Allerdings ist die Methode so einfach, dass alle von 100 Schülern das Wort beim dritten Mal richtig schreiben werden!

Wenn man den Schülern die Chance gibt, das Wort so lange zu üben, bis sie es können, dann werden sie es auch verinnerlichen. Nach ein paar Tagen wird der Schüler die Geschichte nicht mehr brauchen und kann dann von selbst das Wort »Rhythmus« schreiben. Und das hält ein ganzes Leben!

Nehmen wir als weiteres Beispiel das Wort »Satellit«. Den kritischen Punkt bildet hier der Buchstabe l, denn nicht nur Schüler schreiben oft nur eines. Meine Geschichte lautet: Jemand trinkt im Satelliten Tee und gibt zwei Lego-Bausteine hinzu, um ihn zu süßen. Dann sind das die beiden l und der Tee das t.

»Aha«, können die Schüler sagen, »Satellit schreibe ich mit zwei l!«

Ein Problem stellt auch das Wort »Karussell« dar. Hierzu stellen wir uns eine typische Atmosphäre auf einem Rummel vor. Musik ist zu hören, allerdings nur ein Lied, das aus einem einzigen Radio kommt, weil sonst ein musikalisches Durcheinander entstände. Alle Besucherinnen und Besucher grinsen und nicken. Du setzt dich mit deinem Kollegen auf zwei Schlangen, zwei andere Kollegen sitzen hinter euch auf zwei Löwen. Dann lasse ich die Klasse diese Information im Chor wiederholen und ich frage: »Was war beim Karussell?« Alle brüllen: »Ein Radio, zwei Schlangen und zwei Löwen!« Wer das weiß, kann das richtige Wort an die Tafel schreiben: K-a-r-u-s-s-e-l-l.

Und wenn man in eine Galerie geht, in der nur ein einziger Lego-Baustein an der Wand hängt, dann wissen plötzlich alle, dass man Galerie mit einem l schreibt.

Auf diese Art und Weise kann man alle Wörter, die man nicht sicher schreiben kann, in eine Geschichte verwandeln.

Diese Methode kann natürlich auch für Englisch, Französisch und Griechisch angewendet werden! Die Möglichkeiten sind unbegrenzt, solange Sie für das Deutsche Silbenbilder entwerfen können.

Ich hoffe, meine Technik hat Sie wenigstens ein bisschen überzeugt. Wählen Sie Wörter, die Sie oder Ihre Kinder immer falsch schreiben und erfinden Sie eine Geschichte dazu. Auch Sie haben als Lehrer das Recht dazu, Fehler zu machen.

Überhaupt liegt in dieser oft lustigen und unterhaltsamen Methode ein großes Potenzial. Wenn Sie dem Kind eine Geschichte vorschlagen und das Kind daraufhin nicht gerade begeistert wirkt, dann fragen Sie doch einfach: »Was würdest du denn für eine Geschichte erfinden?« Dann wird jedes Kind mit irgendeiner Geschichte kommen! Somit werden Sie der Lernpartner des Kindes und sind nicht nur derjenige, der sagt, wie die Sache läuft.

9. Vom Kurz- ins Langzeitgedächtnis

Das menschliche Gehirn ist komplex

Frederic Vester schrieb in seinem Buch »Denken, Lernen, Vergessen«, dass es drei Arten von Gedächtnis gibt: das Ultrakurzzeitgedächtnis, das Kurzzeitgedächtnis und das Langzeitgedächtnis. Aus heutiger Sicht ist das natürlich sehr vereinfacht dargestellt, aber als grobes Schema eignet es sich immer noch sehr gut für unsere Vorstellung. Es gibt also Daten – beispielsweise die Telefonnummer, die Sie von jemandem erhalten – die bleiben etwa 10–20 Sekunden im Gedächtnis hängen, dann sind sie wieder weg.

Dieses Thema kenne ich bestens, denn ich frage mich praktisch jeden Tag, wo ich denn meine Brille hingelegt habe. Das Gehirn speichert diese Information nur sehr dürftig ab, weswegen ich nichts über den Aufenthaltsort meiner Brille sagen kann, obwohl ich sie selbst dort abgelegt habe. Wenn ich mir ganz bewusst merke, wo das war, dann sieht die Sache natürlich anders aus!

Das Ultrakurzzeitgedächtnis kennen wir bestens vom Namenmerken her. Wenn uns zehn Leute vorgestellt werden, dann haben Sie beim zehnten Namen wahrscheinlich die ersten sechs wieder vergessen. Dann gibt es das Kurzzeitgedächtnis – hier merkt sich das Gehirn, dass die Information scheinbar wichtig ist. Wenn Sie sich fünf Chancen geben, worauf ich bei unseren Trainings immer bestanden habe, dann bekommen die Daten eine neue Qualität.

> *Beim fünften Mal werden Sie feststellen, dass Sie diese jetzt kennen: ob es sich um eine Nummer handelt, um einen Namen oder um eine englische Vokabel.*

Eigentlich ist es egal, um was es geht. Die Daten sind dann in Ihrem Kurzzeitgedächtnis angelangt, das so kurz überhaupt nicht ist. Immerhin hält es ungefähr einen Tag. Wenn Sie beispielsweise alle Länder von Afrika gelernt haben und es

9.00 Uhr morgens ist, dann können Sie diese um 10.00 Uhr in der Regel auch noch aufsagen.

Und was ist mit dem Langzeitgedächtnis? Dort können Sie nie direkt etwas reinschieben! Die Informationen müssen immer erst durchs Kurzzeitgedächtnis gehen. Jetzt werden Sie sagen: »Wenn ich die Hand auf die heiße Herdplatte lege, dann werde ich das nicht üben müssen, dann werde ich mir das sofort merken!« Das ist richtig! Aber der Schmerz wird Sie tagelang daran erinnern, dass Sie mit Ihrer Hand nicht mehr an die Herdplatte fassen sollen, wenn diese rot glüht. Informationen, die einfach so auf Sie zukommen, gelangen ins Ultrakurzgedächtnis. Informationen, die Sie durch Aufmerksamkeit und durch bewusstes Vorstellen im Kopf erhalten, werden im Kurzzeitgedächtnis abgespeichert. Sie erscheinen Ihnen wichtig. Wenn Sie Informationen zudem fünfmal wiederholen und auch die Entspannung haben, Fehler machen zu dürfen, dann werden Sie sich praktisch alle Daten merken können.

Die Schnellspeicherfunktion

Jetzt stellt sich natürlich die Frage, wie man denn vom Kurz- ins Langzeitgedächtnis kommen kann. Der Schlüssel hierfür ist auch dabei die Wiederholung. Wenn Sie ohne Technik und klassisch wie beim Frontalunterricht in der Schule lernen, dann braucht es, wie Frederic Vester sagt, 30–40 Wiederholungen, bis Ihr Gehirn realisiert: »Diese Information scheint wichtig zu sein, die muss ich mir merken!« Erst dann sind Sie im Langzeitgedächtnis angelangt, das ungefähr ein halbes Jahr lang hält. Damit die Daten auch dort bleiben, müssen Sie sie aber auch dort pflegen und wiederholen.

Was interessant ist: Wenn Sie beispielsweise lateinische Vokabeln in Ihrem Langzeitgedächtnis abgespeichert haben und diese nach drei Jahren wieder vergessen, dann müssen Sie nur noch einmal lernen, um das Wissen wieder zu aktivieren.

Wie kann ich nun – diese Frage hat mich sehr gereizt – die 30–40 Wiederholungen umgehen? Das geht nur, indem ich eine Lerntechnik verwende! Deshalb sind Lerntechniken auch in der Schule so wichtig, weil dann für das Begreifen viel mehr Zeit bleibt! Man hat auch mehr Zeit, sich um wichtigere Dinge in der Schule zu kümmern, anstatt zu pauken. Durch Lerntechnik braucht man nur noch 6–7 Wiederholungen, bis die Daten ins Langzeitgedächtnis geschoben werden! Diese Information habe ich von Vera F. Birkenbihl sehr deutlich skizziert bekommen! Dass sie recht hat, habe ich festgestellt, als ich es an meinen Schülern getestet habe.

Schüler, die eine Lerntechnik verwenden, brauchen viel weniger Energie für ihr Langzeitgedächtnis! Und das ist sehr wertvoll!

Wenn ich merke, dass ich meine Informationen mit weniger Aufwand ins Langzeitgedächtnis bekomme, bin ich bereit, mich mehr anzustrengen. Wenn ich jedoch merke, dass ich 30 Wiederholungen benötige, dann ist es unwahrscheinlich, dass ich viel Energie für den Lernstoff aufbringe. Von daher ist in Schule und Universität der Prozentsatz der Daten, der haften bleibt, viel kleiner, als er sein könnte, wenn man systematisch mit Gedächtnistrainingsübungen arbeiten würde. So könnte man die Merkbarkeit von Daten um ein x-Faches steigern! Einmal kannte ich einen Lehrer aus Wien, der mir erzählte, er hätte ausgetestet, dass seine Schüler in zwei Wochen mit einer Lerntechnik etwa zweiundzwanzigmal mehr an Daten aufgenommen hätten als ohne Lerntechnik. Das ist eine fantastische Zahl!

Mit den wenigen Übungen in diesem Buch sind Sie bereits im Stande, große Wissensfelder komplett zu verinnerlichen. Die Grundzüge meiner Lerntechniken haben Sie kennengelernt. Um es unserem Gehirn einfacher zu machen und einen besseren Lernerfolg zu erzielen, müssen wir die Abstraktion von Informationen loswerden. Das geht am besten, wenn wir Geschichten erzählen. Manche Geschichten begleiten einen ein ganzes Leben mit allen Details, Nebenpersonen und Exkursen.

Dies ist der effizienteste Weg, um das Langzeitgedächtnis zu nutzen und die Qualität des Lernens zu verbessern. Damit meine ich vor allem auch den Spaß am Lernen.

Die letzte Challenge: Gloria Mariae – oder wie war das!?

Jetzt kommt zum Abschluss eine kleine Übung für Fans der deutschen Aristokratie, in der wir uns mit den Vornamen von Gloria Thurn und Taxis beschäftigen. Zunächst werde ich Ihnen eine kleine Geschichte erzählen, danach schauen wir, wie wir diese mit den einzelnen Vornamen der Fürstin verbinden können. Sie können davon ausgehen, dass Sie fünf Wiederholungen brauchen. Bitte halten Sie durch und genießen Sie danach Ihren Erfolg!

Zunächst werde ich die Namen verbildern und jeweils auch sofort erklären, welchen Namen ich meine: Vor dem Schloss in Regensburg ist die Gräfin zu sehen. Neben ihr steht Maria, die eine Ähre in der Hand hält. Daraus kann ich ableiten, dass der erste Vorname der Fürstin Mariae lautet. Sie trägt einen Glorienschein auf dem Kopf – Mariae Gloria. Außerdem züchtet sie nachts auf ihrem Schloss Ferkel, die mit Nüssen und Datteln gefüttert werden – Ferdinanda. Und um sich vor wilden Tieren zu schützen, streut sie immer Joghurt in Form einer Acht vor den Stall, bis eine Igelmama kommt und daran schnuppert – Joachima. Die Igeldame sagt: »Der Joghurt riecht aber nach Senf!« Sie besitzt ein feines Näschen – Josephine. Daraufhin will sie einen Helm, weil sie abends in die Mine muss – Wilhelmine. Allerdings bekommt sie nur einen Hut aus Bärenfell, der wie eine Tasse aussieht – Huberta. Als sie in der Mine ankommt, fängt sie zu turnen an, danach bestellt sie sich ein Taxi, um nach Hause zu fahren – Thurn und Taxis. Daraufhin geht die Gräfin zu einer schönen Burg – Schönburg. Dort sieht sie einen Mann, der Gitarre spielt. Die Saiten der Gitarre bestehen aus Lauch und sind etwas scharfkantig. Deswegen schmerzt es den Musiker ab und an und er sagt: »Au!« Nicht jeder kennt Glauchau, die Stadt in der Nähe von Chemnitz, weshalb ich mich an dieser Stelle dazu entschlossen habe, ein Bild daraus zu machen.

Mit viel Hirnschmalz haben wir es nun geschafft, aus den Namen eine Geschichte zu bauen! Vielleicht lesen Sie sich diese noch einmal durch. Dann können Sie sich testen, ob Sie sich noch an die Geschichte erinnern können. Bitte hören Sie nicht nach zwei- oder dreimal auf, weil Sie die denken, die Technik sei zu schwierig. Geben Sie sich wie immer fünf Chancen! Hilfreich ist es, wenn Sie in den kommenden Tagen die einzelnen Namen immer wiederholen. Sie können auch beim Autofahren einmal darüber nachdenken. Erst dann werden Sie die Informationen in Ihr Langzeitgedächtnis schieben können. Wir haben also Mariae Gloria Ferdinanda Joachima Josephine Wilhelmine Huberta von Thurn und Taxis, Gräfin von Schönburg-Glauchau. Jetzt haben wir den vollständigen Namen!

Tschüss miteinander!

Jetzt haben wir das Ende des Buches erreicht. Die Frage, die jetzt noch bleibt, wäre: Wie können Sie weiterüben? Im klassischen Mega Memory stehen Ihnen 100 teilweise sehr lange Videos zur Verfügung. Über 30 Stunden reicht das Material, danach werden Sie sich fühlen, als ob Sie vier Tage lang persönlich bei mir im Training gewesen wären. Sie bekommen hier alle Informationen, die für das Gedächtnistraining relevant sind. Schreiben Sie an info@GregorStaub.com und geben als Geheimwort Molino an. Dann weiß ich nämlich, dass sie einen großzügigen Rabatt bekommen!

Erwähnt sei hier noch der beliebte Kurs der vedischen Mathematik. Dieser eignet sich besonders gut, Kindern in der Grundschule die grundlegenden Rechenoperationen mit enorm viel Spaß beizubringen.

So wird das kleine Einmaleins zu einem Lernprozess, für den man höchstens ein paar Stunden benötigt und anschließend 2–3 Wochen vertieft, bis man ihn sicher beherrscht.

Eigentlich kann man die vedische Mathematik als revolutionär bezeichnen, leider habe ich aber noch keinen geeigneten Weg gefunden, um das System im Schulbetrieb einzuführen. Ich muss persönlich zu jeder einzelnen Schule fahren, um die Technik zu erklären. Auf meiner Website können Sie außerdem noch einen Blick auf meine Sprachtrainings werfen.

Jetzt habe ich alles erzählt, was ich erzählen wollte. Ich wünsche Ihnen ein wunderschönes Leben! Rufen Sie mich persönlich an, wenn Sie Ideen, Fragen oder Tipps haben. Per E-Mail bin ich immer ansprechbar, ich werde auch immer persönlich antworten. Alles Gute und Tschüss miteinander!